保育者が知っておきたい
発達が気になる子の
# 感覚統合
かんかくとうごう

著・木村 順
協力・小黒早苗

Gakken

はじめに

# 「良き理解者」となるために

木村 順

　わたしたちは、手の届く数十センチほどの距離にいる小鳥の動作や様子は、肉眼ではっきりと読み取ることができます。しかし、数十メートルも先にいる小鳥の様子を観察しようとなると、「双眼鏡」や「望遠鏡」が必要です。また、ガラス容器の中にいるカブトムシやクワガタの動きや生態は、肉眼でじっくり観察することができますが、容器の中にいるのがミジンコだったら、「虫メガネ」や「顕微鏡」が必要でしょう。

　「保育」という、目の前にいる「この子」の人生の礎（いしずえ）を築く大切な仕事をしていく際に、この子がいわゆる「健常児」ならば、言うことをきかなかったりルールが守れなかったりしても、わたしたちは「裸眼」で見えるこの子の姿から適切な対応ができます。しかし、この子がいわゆる「気になる子」や「育てにくい子」の領域にいるとなると、「裸眼」だけでは見誤ってしまうかもしれません。

　「気になる子」や「育てにくい子」が大勢いる今の時代、目の前の「この子」が抱えている「○○ができない」や「××をしでかす」といった状態像について、従来の伝統的な保育の見方・考え方を土台に据えながらも、そこに「双眼鏡」や「望遠鏡」、あるいは「虫メガネ」や「顕微鏡」を持ち込むことによって、「……だからこのような状態になってしまうんだよね」と読み取る＝「良き理解者になる」保育を展開していくことが求められています。

そして、そのためのレンズという「1つのアイテム」が、「感覚統合」という見方・考え方なのです。
　しかし、この分野は、保育士や幼稚園教諭といった資格・免許を取るためのカリキュラムにはない体系なので、学び取っていくには極めて難しいことも事実です。本文でも述べましたが、もし本格的に「感覚統合」を学びたい方は、「日本感覚統合学会」という学術団体が主催する正規の講座で学んでください。
　そして、これも当たり前のことですが、双眼鏡や虫メガネは、鳥や虫を「よく見る」ことはできても「育てる」ことはできないものです。ですので、本書は感覚統合のすべてを伝授する「専門書」ではなく、そういう見方・考え方があるんだという「視点を拡げて実践していく」ための「入門書」としてお使いいただければと思います。
　ただし、「××といった状態には、○○という方法が効きます」といったハウツー本にはなっていません。あくまで「感覚統合」を念頭においた保育のアイディアを紹介するにとどめています。でも、ひょっとして、「近眼」や「遠視」の方にもお役に立てれば……。いや、これは余談でした。
　先生方の保育が、「この子」の人生の豊かな実りにつながっていくことを、そして本書がそのための一助となれば幸いです。

# もくじ

はじめに ……… 2

## 1章 解説 子どもが見せる「なぜ」を知るために ……… 7

今、保育の現場で起きていること ……… 8
感覚統合と適応力 ……… 13

## 2章 解説 感覚統合 これだけは知っておこう ……… 17

感覚統合で重視する3つの感覚 ……… 18
本能に強く関わる「触覚」 ……… 21
体のバランスに関わる「平衡感覚」 ……… 31
筋肉や関節の動きを感知する「固有覚」 ……… 42
自分の体に対する実感「ボディ・イメージ」 ……… 46

Column 手の不器用な状態像・そのほかの要因 ……… 49

脳の活動状態を示す「覚醒レベル」 ……… 54

## 3章 実践 園生活での気になる姿 その読み取り ……… 55

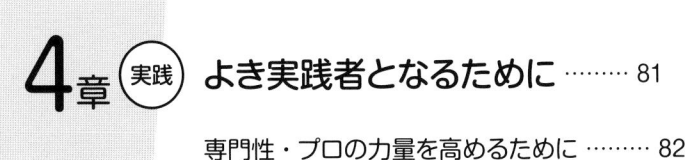

**❶ 生活** 関わりづらい … 56

**❷ 生活** 身支度がうまくできない … 58

**❸ 生活** 食事でのつまずきが多い … 60

**❹ 生活** 睡眠・排せつに問題がある … 62

**❺ あそび** 集団活動でのつまずきがある … 64

**❻ あそび** 固定遊具・運動用具を使ったあそびが苦手 … 68

**❼ あそび** お遊戯・リズム運動が苦手 … 70

**❽ あそび** 造形活動が苦手 … 72

**❾ あそび** 行事に参加できない … 74

**❿** そのほか気になる行動がある … 76

**Column** 乳児期からの基本的な発達とそのつまずき ……… 78

## 4章 実践 よき実践者となるために ……… 81

専門性・プロの力量を高めるために ……… 82
子どもアセスメントの進め方 ……… 87

## 5章 実践 保育の中で…楽しくあそんでアプローチ ……… 95

**触覚のつまずきへのアプローチ**

- ●キホン／タッチング ……… 96
- ●アレンジ／伝言ゲーム ……… 97
  - ふれあいあそび ……… 98
  - 生活習慣も楽しく ……… 100
  - いろいろな感触を体験 ……… 101

Column 音の過敏さへのアプローチ ……… 103

**平衡感覚のつまずきへのアプローチ**

- ●キホン／速度（上下、前後、回転）をつけて ……… 104
- ●アレンジ／揺れる&進むあそび ……… 106
  - 回るあそび ……… 108
  - 見るあそび ……… 110

**ボディ・イメージの未発達&固有覚のつまずきへのアプローチ**

- ●キホン／感覚系プログラム ……… 112
  - 運動系プログラム ……… 113
- ●アレンジ／固定遊具でいろいろな動き ……… 114
  - トンネルくぐり／ボール送り ……… 115
  - 動物まねっこ ……… 116
  - 寝転がってストレッチ ……… 117
  - お部屋で全身運動 ……… 118
  - 写し絵・なぞり絵／○○はどこ？ ……… 119
  - 手先を使ったあそび ……… 120
  - 生活習慣・お手伝いの中で ……… 121

おわりに ……… 124
参考文献 ……… 126
著者プロフィール ……… 127

## 1章 解説
## 子どもが見せる「なぜ」を知るために

診断名はつかないけれど、発達の気になる子どもたち。
その「気になる姿」の背景には、いったい何があるのでしょう。
一人ひとりを正しく理解し、適切に対応していくためにも、
子どもの見せる「なぜ」を、知ることから始めましょう。

# 今、保育の現場で起きていること

## 気になります！ こんな子どもたち

- 思い通りにならないと暴れる、かみつく。
- 人との関わり、ふれあいを拒否する。
- 集団活動や行事への参加をしぶる。
- 一人で同じあそびを繰り返す。
- 外に出たがらず、いつも室内であそんでいる。
- 好きなこと（恐竜や電車など）には夢中になるが、それ以外はまったく興味を示さない。
- よくあちこちぶつかる、よく転ぶ。
- 落ち着きなく動き回り、すぐ部屋から出て行ってしまう。
- 砂、粘土など特定の感触を嫌がって触ろうとしない。  
- ひどい偏食。
- 生活習慣がなかなか定着しない。
- 表情が乏しい、笑わない。
- 抱っこがしっくりこない、おんぶしづらい。
- 寝返りのとき、反り返る。
- しっかり足指をけったはいはいをしない。

## 気になる子、育てにくい子って？

　ここに挙げたように、保育の中で気になる様子が見られる、どうも気になる、という子どもたちがいます。わたしが巡回相談で園を訪れる中でも、そうした子どもの悩みを訴える保育者さんが、ここ10年ほどで増えてきたという実感があります。
　これらの子どもたちは、必ずしも、○○障害といった診断名がついているわけではありません。でも気になる、育てにくい。こうした子どもたちは時に、障害でも健常でもない「グレーゾーン」の子ども、といわれることもあります。
　気になる子どもがいるとき、障害があるかないかではなく、グレーゾーンを設けることで、その子どもの状態像がよく見えてくることがあります。子どもの発達を色分けすることには抵抗がありますが、今のところほかに適した言葉がないので、グレーという呼び方が使われています。
　わたしは、この子どもたちの「気になる状態」を、「適応力の未発達やゆがみ」ととらえています。適応力については後ほど詳しく説明しますが、簡単にいうと「その時、その場、その状況に合わせる力」です。診断名はつかないけれど気になる、グレーゾーンといわれる子どもたちには、この適応力のつまずきがあると考えられるのです。

## 約3割の子に感覚の使い方の崩れが

　グレーゾーンの子どもの特性を理解するため、わたしなりの解釈で図示してみました（次ページ）。この図を読み解くために、ある実態調査を紹介しましょう。
　約10年前の2003年1～3月にかけて、全国の5～6歳の「健常児」を対象に、「JMAP」という発達検査を実施しました。これは、特に触覚や平衡感覚など、感覚の使い方を確認する項目が多く含まれている検査ですが、実施した結果、約3割の子どもたちに「感覚の使い方の崩れ」が見られました（P.11表A）。

■「グレーゾーン」のエリア分け

**エリア0**
従来の保育や教育スタイル（一斉指導や集団教育）に適応する子ども。

**エリア4**
脳性まひやダウン症、自閉症などの診断名のある子ども（特別支援学校や特別支援学級に進学することが多い）。

いわゆる健常な子ども

グレーゾーン（境界域）

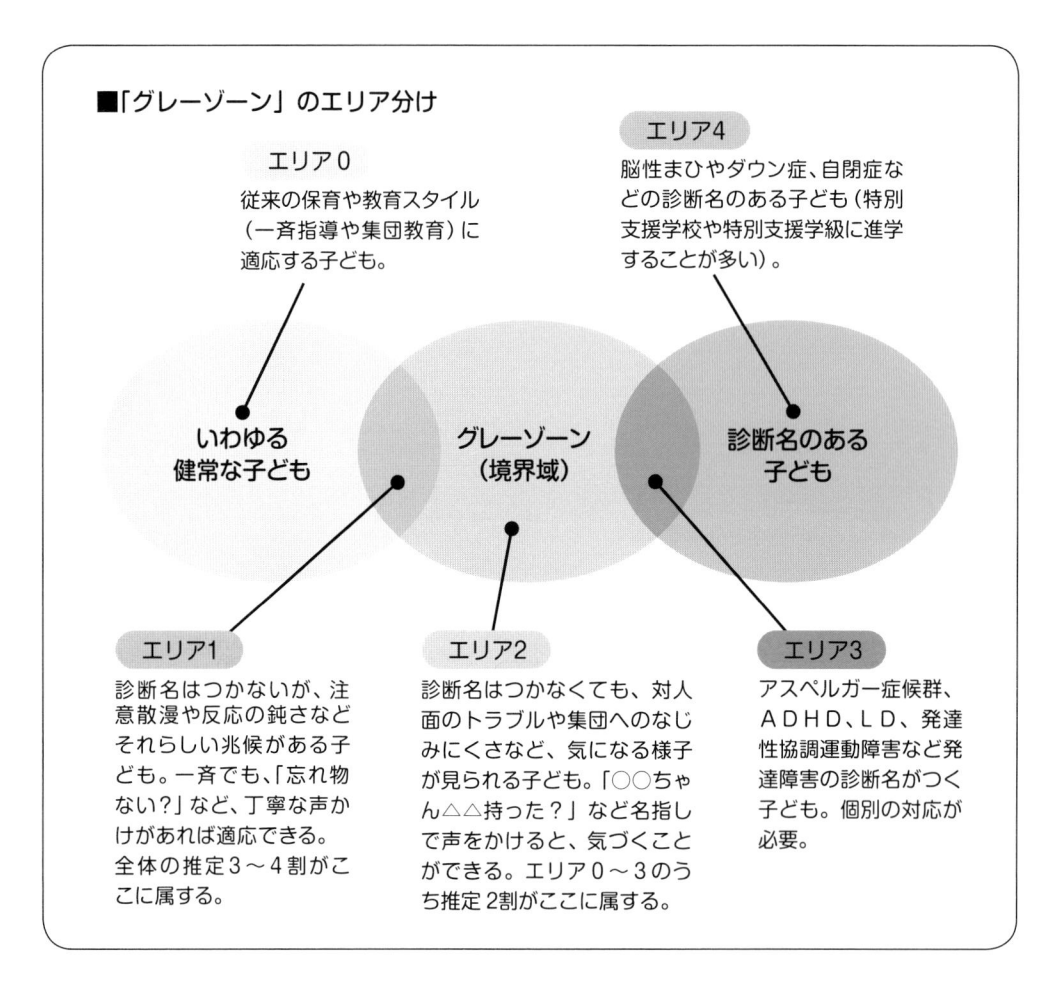

診断名のある子ども

**エリア1**
診断名はつかないが、注意散漫や反応の鈍さなどそれらしい兆候がある子ども。一斉でも、「忘れ物ない？」など、丁寧な声かけがあれば適応できる。全体の推定3〜4割がここに属する。

**エリア2**
診断名はつかなくても、対人面のトラブルや集団へのなじみにくさなど、気になる様子が見られる子ども。「○○ちゃん△△持った？」など名指しで声をかけると、気づくことができる。エリア0〜3のうち推定2割がここに属する。

**エリア3**
アスペルガー症候群、ＡＤＨＤ、ＬＤ、発達性協調運動障害など発達障害の診断名がつく子ども。個別の対応が必要。

　ここで確認ですが、調査対象は、いわゆる健常児ということで保育所・幼稚園に要請して集めた子どもたちです。もちろん診断名はついていませんし、園の支援児枠にも入っていません。それなのに、約3割が感覚の使い方につまずきがある……という結果が出たのです。ちなみに、その3年後の2006年に同じ調査を行った際には、つまずきのある子どもの割合は約4割という結果が出ました。これは、上の図ではエリア1に入る子どもたちに当たると考えられます。

# 1章 子どもが見せる「なぜ」を知るために

　また、2012年文部科学省によって小・中学生対象に行われた調査では、学習面および行動面において著しい困難を示す子どもが（推定）6.5%という結果が出ました（表B）。こちらは主にエリア3に当てはまると考えられますが、2002年に行われた同様の調査では6.3%だったものが10年後にはわずかながら増加しています（2002年と2012年では調査の対象地域や抽出方法が異なるため、単純に増減をはかれるものではありません）。

　さらに別の調査で、幼児の運動能力の調査を継続的に行ってきたものがあります。それによると、1986年〜1997年の10年間で著しく低下し、それ以降、変化はゆるやかではありますが、低下したまま停滞しています（表C）。これは、文部科学省が行っている「体力・運動能力調査」における小学生の数値でも、同様の傾向が見られます。

　これらの調査結果を踏まえ、さまざまな検証を行うなかで、どうも80年代半ば頃からの外あそびの減少が、この子どもたちの実態に関係しているのでは？　ということが見えてきました。

### A. 子どもの感覚の使い方調査

|  | 平衡感覚 | 触覚 | ボディ・イメージ |
|---|---|---|---|
| 問題なし | 68% | 60% | 68% |
| 感覚の使い方に崩れが見られる | 32% | 32% | 32% |
| 感覚の使い方に著しい崩れがある | 0% | 8% | 0% |

対象：5〜6歳児　2003年1〜3月木村調査

### B. 知的発達に遅れはないものの学習面または行動面で著しい困難を示すとされた児童生徒の割合

|  | 推定値 |
|---|---|
| 学習面または行動面で著しい困難を示す | 6.5% |
| 学習面で著しい困難を示す | 4.5% |
| 行動面で著しい困難を示す | 3.6% |
| 学習面と行動面ともに著しい困難を示す | 1.6% |

「通常の学級に在籍する発達障害の可能性のある特別な教育的支援を必要とする児童生徒に関する調査」（2012年文部科学省）より／調査内容：全国（岩手・宮城・福島県を除く）の公立小・中学校の通常の学級に在籍する児童生徒について、質問項目に対して担任教員が回答。

### C. 幼児の運動能力・時代推移（立ち幅跳び平均値）

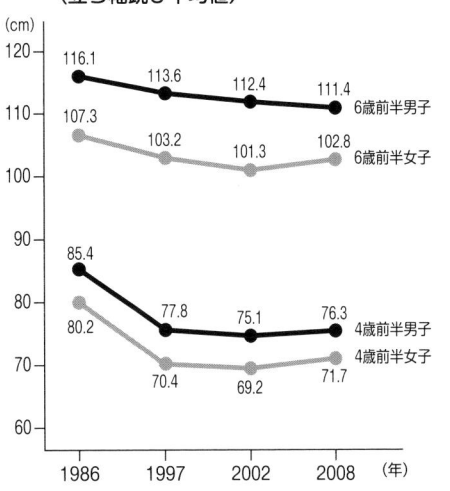

| 年 | 1986 | 1997 | 2002 | 2008 |
|---|---|---|---|---|
| 6歳前半男子 | 116.1 | 113.6 | 112.4 | 111.4 |
| 6歳前半女子 | 107.3 | 103.2 | 101.3 | 102.8 |
| 4歳前半男子 | 85.4 | 77.8 | 75.1 | 76.3 |
| 4歳前半女子 | 80.2 | 70.4 | 69.2 | 71.7 |

（単位：cm）

「幼児の運動能力発達の年次推移と運動能力発達に関与する環境要因の構造的分析」（2004年・杉原 隆 ほか）「幼児の運動能力における時代推移と発達促進のための実践的介入」（2011年・森 司朗 ほか）をもとに作成。

ここでいう外あそびというのは、単に走るだけではなく、木登りや砂・泥あそび、ドッジボールなどを含めたワイルドなあそびです。多様に体を動かすことで、さまざまな感覚が刺激され、脳が活性化するのですが、その経験が減ったことで、感覚の育ちも阻害されてしまったと考えられるのです。

## 脳の発達に大切な感覚情報

　そもそも、脳の機能が発達するためには、2つの栄養が必要です。一つは、呼吸によって取り入れられる酸素や、飲食によって摂取されるブドウ糖、アミノ酸といった「物質的栄養」。そしてもう一つが、「適切な感覚情報」という栄養なのです。

　脳の中でも、感覚の育ちと深く関わっているのは、前頭葉（前頭前野）という部分ですが、ここは主に、「理性」「思考力」「意欲」を司るところ。いずれも、人として生きていくうえでとても大切なものですが、わたしはこれらの力が、本書のキーワードでもある「適応力」のもととなっていると考えます。

　どうでしょうか。前述の「グレーゾーン」の子どもについて、その状態像がだいぶ見えてきたのではないでしょうか。

　これまで「気になる子」「グレーゾーンの子」「感覚の使い方が崩れている子」など、いろいろな言葉で表してきましたが、これらの子どもたちはみな、「知能の遅れはないけれど、脳の機能が十分に活性化されていない子ども」といえるのではないか、ということです。

　なかでも、P.10の図に示したエリア1〜2の子どもたちは、診断名がつかないけれど、困難を抱えている。でもそのことを周りにはなかなか気づかれず、さらには誤解されることもあります。「困った」子どもたちではなく、とても「困っている」子どもたちなのです。

# 感覚統合と適応力

## 感覚情報を交通整理する働き

　気になる子どもの背景には、脳の機能不全がある。そう仮定し、ではどのような対応をしていったらよいのかと考えたとき――そこで出てくるのが「感覚統合」です。ここからは、感覚統合の基本について説明しましょう。

　感覚統合理論を体系づけたアメリカの作業療法士エアーズ（1920〜1989）は、「感覚統合」について、「脳に入ってくるさまざまな感覚情報を目的に応じて整理し、秩序だったものに構成すること」としています。

　具体的にイメージするため、木村流にかみくだいて説明すると、感覚統合とは、「脳の中に流れ込んでくるさまざまな感覚情報を『交通整理』する働き」といえます。

　実際の道路には、信号機があり、道路標識や歩道などによって、車や歩行者など、さまざまな交通の流れを整理しています。それによって渋滞は緩和され、交通事故を未然に防ぐことができているのですが、これと同じ状態が、我々の脳の中でも絶えず行われているのです。

例えば、講演会に参加したときのことを考えてみてください。会場はある学校の教室で、窓の外からは人の声や車の音が聞こえる、という状況。そして講演が始まって30分後、「今まで、外を何台の車が通りましたか？」と尋ねられたとしたら、あなたは答えられるでしょうか。

　答えられないからといって、あなたの聴覚に障害があるわけではなく、計算障害、記憶障害ということでもありません。実はこのとき脳の中では、自分にとって必要な情報には青信号をともし、不要な情報には赤信号をともして通行させないという交通整理をすることで、「集中して講義を聞く」ための調整が行われているのです。

　もし、ICレコーダーなどで講演を録音していたとしたら、講師の声も、外の人の声も、車の走行音もすべて入っているため、走行音だけ取り出せば、通った車の台数がわかるかもしれません。その一方で、講師の話は実際に聞いているときより、聞き取りづらくなっているでしょう。

　人の脳内では、感覚情報の交通整理によって、必要な情報である「講師の声」のみに青信号をともすため、「注意の集中・持続」が保障されるのです。これはまさに、「適応力が発揮された状態」といえます。

## 適応力のつまずきがあると……

　では、感覚統合の力がうまく働かないとどうなるのか……。交通整理がされないため、道は渋滞し、事故が起きることもあるでしょう。そしてこの脳内での事故やトラブルが、「適応力のつまずき」として現れるのです。

　本書において適応力は、「その時、その場、その状況に合わせる力」としていますが、もう少し詳しくいうと、TPOに応じてじっくり考えて行動したり、うまくコミュニケーションをとったり、学習を積み上げていく総合的な能力ということができます。

　この適応力について、さらに理解を深めるため、次の4つの柱（構成要素）に分け、これら

のスキルがどういった発達障害や感覚統合のつまずきにつながりやすいかを図にしてみました。

1. コミュニケーションスキル…意図理解力、自己表現力
2. 行動スキル…注意力、問題解決能力など
3. アカデミックスキル…読み書き計算、思考能力
4. モータースキル…全身運動、手先の巧緻動作

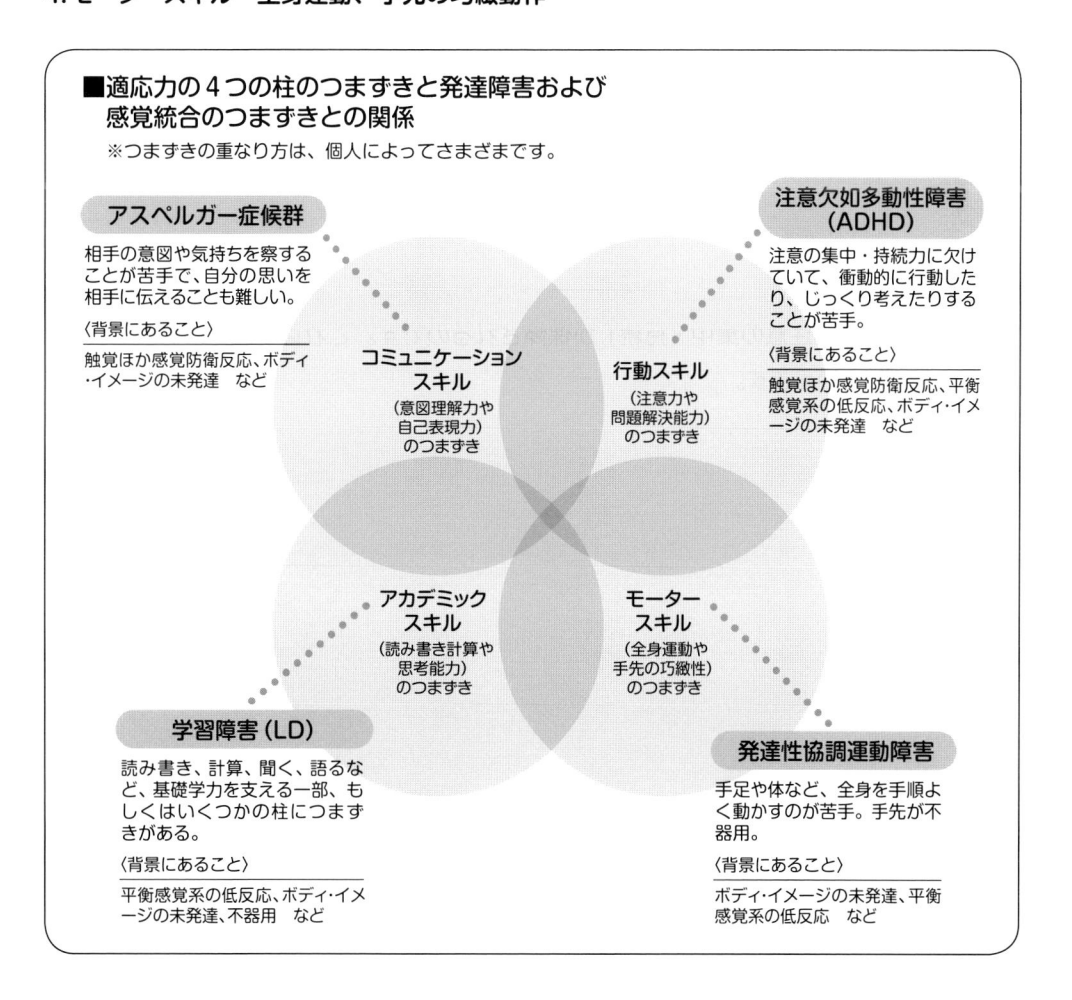

■ 適応力の4つの柱のつまずきと発達障害および
　感覚統合のつまずきとの関係
　※つまずきの重なり方は、個人によってさまざまです。

**アスペルガー症候群**
相手の意図や気持ちを察することが苦手で、自分の思いを相手に伝えることも難しい。
〈背景にあること〉
触覚ほか感覚防衛反応、ボディ・イメージの未発達　など

**注意欠如多動性障害（ADHD）**
注意の集中・持続力に欠けていて、衝動的に行動したり、じっくり考えたりすることが苦手。
〈背景にあること〉
触覚ほか感覚防衛反応、平衡感覚系の低反応、ボディ・イメージの未発達　など

コミュニケーションスキル（意図理解力や自己表現力）のつまずき

行動スキル（注意力や問題解決能力）のつまずき

アカデミックスキル（読み書き計算や思考能力）のつまずき

モータースキル（全身運動や手先の巧緻性）のつまずき

**学習障害（LD）**
読み書き、計算、聞く、語るなど、基礎学力を支える一部、もしくはいくつかの柱につまずきがある。
〈背景にあること〉
平衡感覚系の低反応、ボディ・イメージの未発達、不器用　など

**発達性協調運動障害**
手足や体など、全身を手順よく動かすのが苦手。手先が不器用。
〈背景にあること〉
ボディ・イメージの未発達、平衡感覚系の低反応　など

前ページの図は、それぞれの要素が、どういった感覚、さらには診断名に関わっているのかを示したものです。

　各要素と感覚統合との関わりについては、次章以降で詳しく述べていきますが、子どもの気になる姿には、感覚統合のつまずきが背景にある……そのことは、この図からも見てとれるでしょう。

　したがって、感覚統合の知識が、気になる子どもたちへの理解を深めてくれるのです。

> ※発達障害のある子どもたちへの療育の仕方の一つに「感覚統合療法」という専門的な分野がありますが、もし、療育技法としての「感覚統合"療法"」を学びたい方は、日本感覚統合学会（http://www.si-japan.net/）が主催する認定講習会を受けて、正しく体系的に学ぶようにしてください。本書は、あくまで「感覚統合」という見方・考え方を念頭に置いた保育・教育を展開していくための参考書です。

# 2章 解説
## 感覚統合 これだけは知っておこう

この章では、わたしたちが使っている「さまざまな感覚」の
しくみや働きについて学ぶことがテーマになります。
わかっているつもりで、
実はほとんど知らずに使っているのが「感覚」です。
具体的に見ていきましょう。

# 感覚統合で重視する
# 3つの感覚

## 自覚しやすい感覚「五感」

　皆さんは、「日頃使っている感覚の種類を挙げてください」と問われたら、何種類くらい答えることができるでしょう？

　おそらく多くの方が　①**視覚**　②**聴覚**　③**味覚**　④**嗅覚**　⑤**触覚**　という5種類を挙げられたのではないでしょうか。この5つをまとめて「五感」といいますが、大切なのは、これらには共通する「3つの特徴」があるということです。特徴と述べましたが、自覚するために必要な「条件」といってもよいでしょう。

　これは、子どもたちがなぜ「○○できない」のか、あるいは「××しでかしてしまう」のかといった背景を見抜いていくときに、とても大切なポイントとなるので、じっくりと考えてみてください。

## 「五感」に共通する3つの特徴

　まずは1つ目、**「どこで感じているか」**がわかるということです。例えば、「視覚は『どこで』感じていますか？」と尋ねられれば、目を指さすことができるでしょう。感じ取る器官のことを「受容器（本書ではセンサーと言い換えています）」といいますが、その「場所が自覚できる」のです。

　もし、見るために使う感覚＝「視覚」がうまく使えなくて、その結果、日常の生活やあそびの活動に偏りが出ている子どもがいたとき、「見る」を「どこ」で感じているかをわたしたち自

身が自覚できなかったとしたら、その子の行動が作り出すトラブルは理解できないでしょう。

2つ目は**「いつ使っているか」**がわかること。例えば、「聴覚は『いつ』使っていますか？」と聞かれたなら、「『今』使っていますよ」と答えることができるでしょう。

もし、聴くために使う感覚＝「聴覚」がうまく使えず、その結果、コミュニケーションのとり方に偏りが生じている子どもがいたとき、その子に関わるわたしたち自身が、「聴く」を「いつ」感じているか自覚できなかったら、やはりその子の行動が作り出すトラブルは理解できないでしょう。

最後に3つ目は**「どのように使っているか」**がわかること。例えば、「味覚は『どのように』使っていますか？」と尋ねられたら、「甘い・辛い・苦い・酸っぱいといった味を感じ取っています」と答えることができるでしょう。

もし、味を感じる感覚＝「味覚」がうまく使えず、その結果、飲食に関わる行動に偏りが生じている子どもがいたとき、「味覚」を「どのように」使っているかをわたしたち自身が自覚できなかったら、やはり、その子の味覚に起因するトラブルは理解できないでしょう。

ケースを見て考えてみましょう。

### CASE　行動が気になるアキラ君

アキラ君は、幼稚園に通う5歳半になる元気な男の子。知的な遅れはなく、歌が好きでいつも好みのアニメソングや園で教わった歌をうたっています。巡回指導でアキラ君のクラスに入っていくと、わたしの声を聞きつけ、「あ、木村先生おはよう」と声をかけてくれる明るい子です。

しかし、気になることがいくつかあります。足元に段差があったり、物があったりしても気づかずにつまずきやすい。シャツのボタンのかけ違いがあっても言われるまで直そうとしない。幼児期前半から始まっていた給食時の食べこぼしも直りません。

また、それ以上に気になるのは、絵本には興味をもたず、折り紙も粘土も積み木もアキラ君のあそびのレパートリーにはないということです。

さて、アキラ君の気になる行動の背景には何があるのでしょうか。ここまで状態像を示せばわかると思います。そうです、アキラ君はきちんと「物が見えていない」のです。でも知的な遅れはなく聴覚も問題ないので、言葉や歌をうたうことは上手なのです。

こうして解説すると、「見えていないから……」と説明するまでもなく、アキラ君の日常生活や活動での偏りは察しがつくでしょう。

そのほか「難聴」の子どもの例でも、出来事とうまく使えていない感覚の説明をするだけで、その関係は理解できてしまうと思います。

## 自覚しにくい3つの感覚

このように、「どこで感じていて、いつ使っていて、どのように使っているか」が自覚できる感覚がテーマになっているときには、わたしたちは、その感覚が使えないときの大変さや困難さについて、ある程度の理解ができます。

しかし今、「感覚統合」の視点で特に大切にしたいのは、**「触覚」「平衡感覚（前庭覚）」「固有覚」**の3つの感覚。聞き慣れないものもあるかもしれませんが、これらは五感と違って、ほとんど意識せずに使っている感覚です。触覚だけは「五感」にも含まれますが、無意識に使っているところは平衡感覚や固有覚と同じです（図）。

この3つの感覚は、自覚しにくいため、そこにトラブルがあることで現れる症状や不適応行動が感覚のつまずきによるものだとわかりにくく、誤解されやすいものです。したがって、子どもたちのさまざまな状態をより深く理解するには、この意識しにくいところで働いている感覚を学ぶことが重要なカギとなるのです。

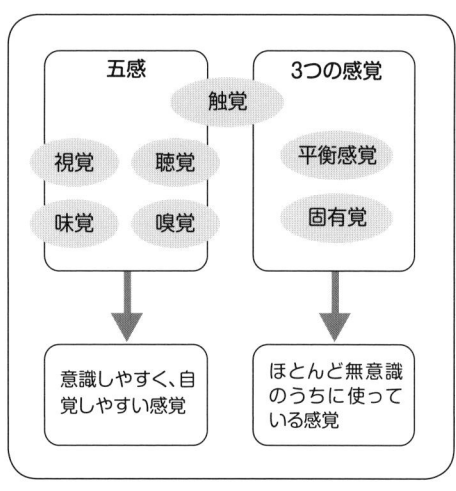

五感と3つの感覚の違い

# 本能に強く関わる「触覚」

## 触覚のしくみと働き

　触覚は、そのセンサーが全身の皮膚や粘膜に張り巡らされており、「表在感覚」ともいわれます。そしてこの触覚のセンサーは、痛み（痛覚）、温度（冷覚・温覚）、圧力（触圧覚）など、受け取る情報の種類によって役割分担されています。
　そもそも感覚には、「原始系（本能的）」と「識別系（認知的）」の2つの働きがありますが、さまざまな感覚の中で、特にこの2つの違いが特徴的に現れるのが触覚です。

## 原始系

　原始系とは、生物が太古の時代から使っていた本能的な触覚機能のことをいいます。
　例えば、進化上極めて初期の生物には目も耳もなく、皮膚からの感覚情報が命綱でした。
　具体的には、もし、触れた物がえさならば自ら向かっていくという**「取り込み行動」**にスイッチが入る必要があります。また、対象が天敵ならば即座に逃げるなどの**「防衛行動」**が必要となります。さらには、えさに襲いかかる際、逆に自分がえさになってしまう可能性もあります。そのため、逃げる場合も襲いかかる場合も**「闘争行動」**にスイッチが入らなければなりません。

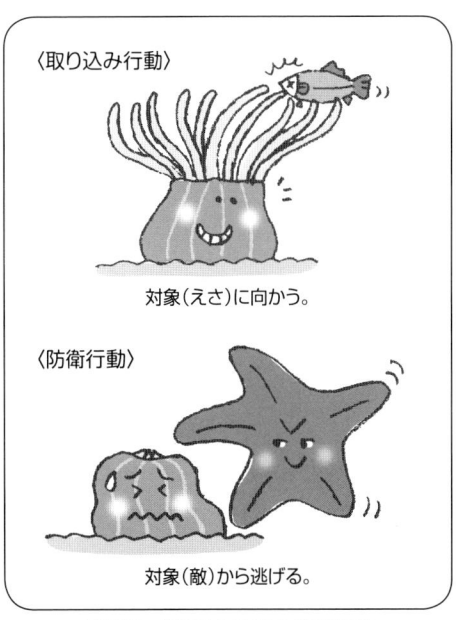

〈取り込み行動〉
対象（えさ）に向かう。

〈防衛行動〉
対象（敵）から逃げる。

原始系・取り込み行動と防衛行動

視覚も聴覚も進化していない原始的な生物にとっては、体表面からの感覚情報をもとに前述の本能的な行動がコントロールされており、高等動物に進化した人間にもこの「原始系」が脳の中で引き継がれています。例えば、新生児期の吸てつ反射（口まわりに触れたものに吸いつく）など、「原始反射」と呼ばれるものは、原始系の代表格です。

### ■ 識別系

　原始系とは別に、高等な哺乳類に至る進化の過程で作り上げてきたのが、「識別系」と呼ばれる知的な情報処理をする触覚機能です。
　これは例えば、いろいろな物が入っているポケットの中からコインだけを取り出すというように、目で確認することなく、触れた物の素材や形、大きさ、位置などを「弁別」したり、自分の体のどの位置に触れているかを「感知」したりするときに用いています。
　五感のくくりの中で説明される触覚は、主にこの識別系の触覚を指していることが多いのです。

### ■ 原始系にブレーキをかける識別系の発達

　原始反射は、成長とともに見られなくなりますが、それは、機能が停止したのではなく、もう一つのネットワークである識別系が働き始め、脳内で交通整理がされるためです。つまり、外からの刺激に対して、原始系が働かないようにブレーキをかけるからです。
　では、この識別系が育つ過程を見てみましょう。
　まず原始反射の現れている新生児期を経て、生後3か月頃には手に触れた物を見ようとするなど、「なんだろう？」と知的な興味を向けるようになります。これが、識別系反応の始まりといえるでしょう。
　そして6か月を過ぎる頃には、手に触れたものを口に入れて確かめるようになります。見ただけ、握っただけでは満たされず、口の感触も使って確かめるのです。ただ、このとき口に入れるからといって、識別系が発達しているという即断は禁物。原始系の「取り込み行動」と

## 2章 感覚統合 これだけは知っておこう

して口に入れているだけかもしれません。口に入れた物を取り出して、また見て確かめるという「なんだろう反応」があって初めて、識別系が機能しているといえるのです。

その後、歩行の始まる1歳過ぎからは、識別系の活動がレベルアップし、1歳半頃には見えない物を手探りで確かめるようになります。人のポケットやたんすの引き出しに手を突っ込む行動が増えてくるのがこの頃です。

そして3歳半ば頃には、識別系も仕上げの段階を迎え、触った物の大きさ、素材、形の違いがわかるようになります。ポケットの中から、コインだけ取り出すといったことができるようになるのです。

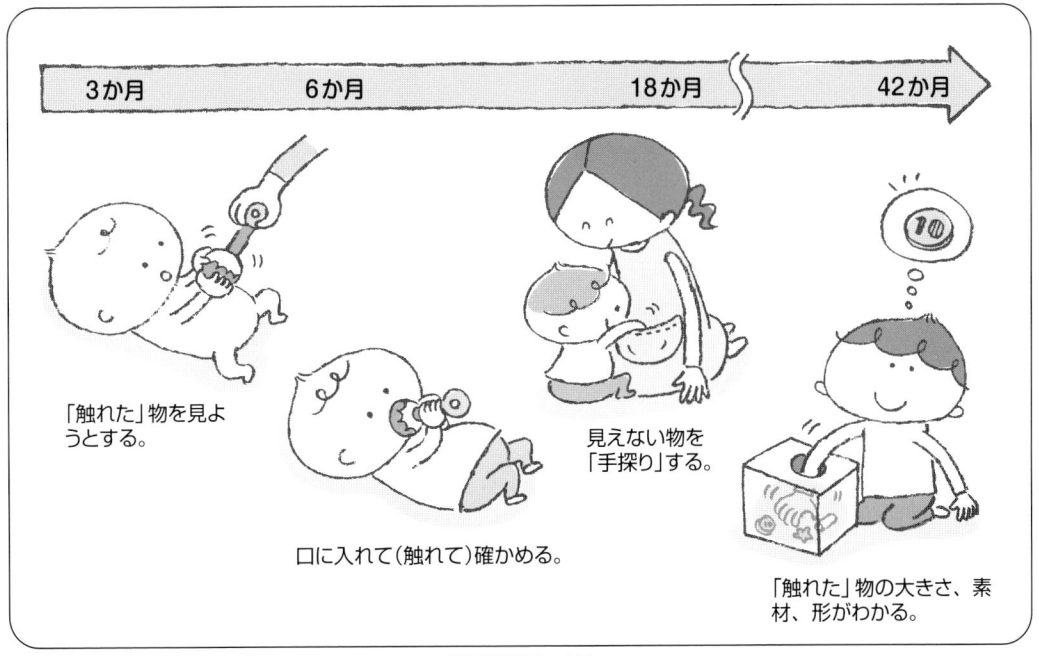

3か月 → 6か月 → 18か月 → 42か月

- 「触れた」物を見ようとする。
- 口に入れて(触れて)確かめる。
- 見えない物を「手探り」する。
- 「触れた」物の大きさ、素材、形がわかる。

識別系発達の流れ

## 触覚の統合のつまずき

### 触覚防衛反応

　触覚の統合のつまずきから現れる症状としては、主に「不器用」と「触覚防衛反応」の2つがあります。このうち問題行動としてとられやすいのは触覚防衛反応でしょう。
　通常は、識別系が優位に働くことで原始系にブレーキがかかり、感覚情報がうまく統合されながら機能するのですが、触覚においてこのバランスが崩れ、原始系の反応が強く出てしまったときに起こるのが「触覚防衛反応」です。識別系の働きが弱いと、原始系が暴走してしまい、本能的な行動を引き起こしてしまうのです。
　この反応の有無を確認するポイントとして、主に次の4つが挙げられます。

1. 生活面での拒否
2. 身につける物への拒否やこだわり
3. 自分からは触りにいくが、触られることは拒否
4. 触れる素材に偏りがある

　これらの状態像が多く見られる場合、触覚防衛反応が出ているのでは？　という視点でとらえることができるのです。
　通常、触覚防衛反応は、早ければ生後半年過ぎ頃から出始め、1歳半頃までには明確になります。そしてピークは2〜3歳というのが大半です。その後、表面的にはある程度の「自然回復」も見られます。

### 1. 生活面での拒否
　散髪や耳掃除、歯磨き、爪切りなど、身だしなみや健康維持のために当たり前に行われる養育行為への拒否や抵抗が強く出ます。

## 2. 身につける物への拒否やこだわり

　帽子、手袋、お面などを嫌がるほか、袖口がぬれるのを嫌がるということもあります。生活面での拒否と同様、子育てするうえで保護者が大変に思うところです。

## 3. 自分からは触りにいくが、触られることは拒否

　子どものほうから手をつないでくるので握り直そうとしたら、手を払いのけて拒否をする……というように、自分からは触りにいく（アクティブタッチ）のに、触られること（パッシブタッチ）は嫌がるという状態です。

　例えば、指さしで要求を表現できない子どもが、「クレーン」（大人の手を持って要求の対象に向かわせる行動。ドアを開けさせる、物を取らせるなど）で何かを要求したとき。大人にとって、子どものほうから手をつないできたように思えるので握り直そうとすると、拒否されることがあります。

　自閉傾向があるとこの行動は強まるため、大人側に理解がないと自分勝手な行動に映りがちです。

## 4. 触れる素材に偏りがある

　一番多いのが、のりや粘土など粘着系への拒否。これらのベットリ感への抵抗が強いため、造形活動に参加できないという子どもは多いのです。そのほか、砂や芝生などチクチクした刺激が苦手、屋外遊具の金属部分や板の間などの冷たい物がだめ、ということもあります。

　これらの素材は、「触れない」ということがある一方で、一度触り始めると、「過剰に触る」場合があります。

また、例えば、冷たいコンクリートにぺたーっと頬をくっつけているのに、鉄棒に触るのは苦手というように、同じ冷たさでも、よいものと絶対だめなものがあり、周りの大人は、理解に苦しむことがあります。
　これは、感覚統合のバランスの悪さから自ら感覚を刺激する「自己刺激行動」の一つなのですが、いわゆる好き嫌いとは別のところに要因があることがわかっていないと、この子どもの世界を理解するのは難しいでしょう。

### ■ 問題は「共感性の発達が阻害される」こと

　これらの触覚防衛反応が、単なる皮膚感覚の問題なら、「苦手な触覚がある」という得手不得手の範囲内で収めてもよいのですが、そうもいきません。
　なぜかというと、一番の問題として、アタッチメント（愛着の形成）の発達をゆがませてしまうことがあるからです。そこから共感性の発達が阻害されてしまうのです。
　「共感性」を定義するのは難しいのですが、ここでは、「○○を共有しようとする心の働き」という意味で使うことにします。○○には、視線、表情、動作、物、興味の向け先などが入ります。

　相手の目を見つめたり、微笑みかけに微笑み返したりといった視線や表情の共有は、生後2〜3か月から見られ、「ちょちちょち、あわわ」といった簡単なしぐさをまねる「動作の共有」や、おもちゃを渡したり受け取ったりといった「物の共有（やり取り）」は、1歳前後から見られます。また、道ばたの花など、大人が見たものをいっしょに見るという「興味の向け先の共有」も同時期に見られます。
　このように、共感性は、生後2〜3か月から1歳前後に現れ始め、2〜3歳までに著しい発達を遂げます。ところが、触覚防衛反応が出る子ども

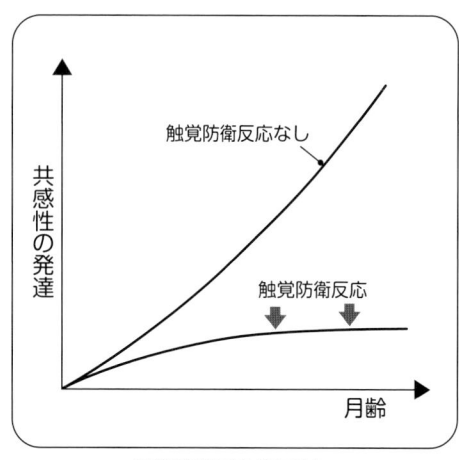

触覚防衛反応があると、
共感性の発達が阻害される

の場合、その反応の出方がピークに達するのもこの時期です。

　保護者とふれあい、関わりながら共感性が育まれる大切な時期に、生理的な症状である触覚防衛反応が出てしまうと、スキンシップをはじめとしたふれあいを拒否するため、心の働きとしての共感性は育ちにくくなってしまいます。結果的に対人関係、コミュニケーションの発達にゆがみが生じてしまうのです。

### ■ 生活面での拒否が与える影響

　共感性の発達を阻害する要因としてもう一つ、触覚防衛反応が生活面での拒否として現れることが大きく関係しています。

　ここで一つ確認しておきたいのは、原始系が働きやすい部位があるということ。原始系は命を守るために使ってきたネットワークであることから、頭、顔、首、わき腹など、防衛しなければ致命傷になりかねない部位に強く出る傾向があります。また、爪、歯といった闘争に使う部位に触覚防衛反応が出やすいのも、同じ理由です。

　こう考えると、洗顔、散髪、歯磨きや爪切り、わき腹を触られる抱っこなどに拒否を示すことや、引っかいたりかみついたりといった攻撃的な行動が、単なる子どものわがままや好き嫌いといった心理的なメカニズムではないと理解できるでしょう。

　これらの部位は、子育てにおいて当たり前に触れているところですが、ひとたび原始系が暴走してしまうと、その子にとって、親でさえ「不快刺激を入れる存在」と、誤学習されてしまいます。そのため生理的なスキンシップが育たないだけでなく、心理的な拒否にもつながってしまうのです。そうなると、愛着関係が育ちにくく、その後の対人関係の発達にゆがみが生じる要因にもなってしまいます。

### ■ 触覚の低反応に伴う自己刺激行動

　ここまで触覚の統合のつまずきとして、触覚防衛反応について述べてきましたが、それと同様に触覚統合のバランスの悪さから現れるものとして「触覚の低反応（触覚鈍麻）」があります

す。これは、触覚系全体の反応性が低下している、つまり感じ方が鈍くなっている状態ですが、このとき、足りない分を補うがごとく自ら感覚を刺激する「自己刺激行動」が出やすくなります。具体的には指しゃぶり、鉛筆や爪をかむ、髪の毛を抜くといった行動として現れます。

　また、痛みや寒暖、ぬれた感覚など主に皮膚感覚が鈍いと思われる場合も、触覚の低反応として、痛覚や温冷覚の鈍麻が考えられます。

### ■ 触覚の低反応＝触覚鈍麻

　触覚防衛反応が原始系の暴走であることに対して、触覚鈍麻は、識別系も原始系も本来の反応性に達していない状態です（下図）。実は触覚の防衛反応と鈍麻は併発しやすく、その場合、おおむね低反応（鈍麻）ですが、歯ブラシを入れると激しく拒否するなど、時折原始系の暴走状態になるということです。いずれにしても、識別系を働かせるアプローチが有効となります。

　なお、触覚鈍麻は固有覚の鈍麻を併発しやすいもので、そうなると力加減ができなくなって乱暴な行動につながりやすくなります。また、痛覚鈍麻があると、痛みを伴う行動の学習がされず、「痛いから気をつけよう」といった慎重な行動がなくなるということもあります。

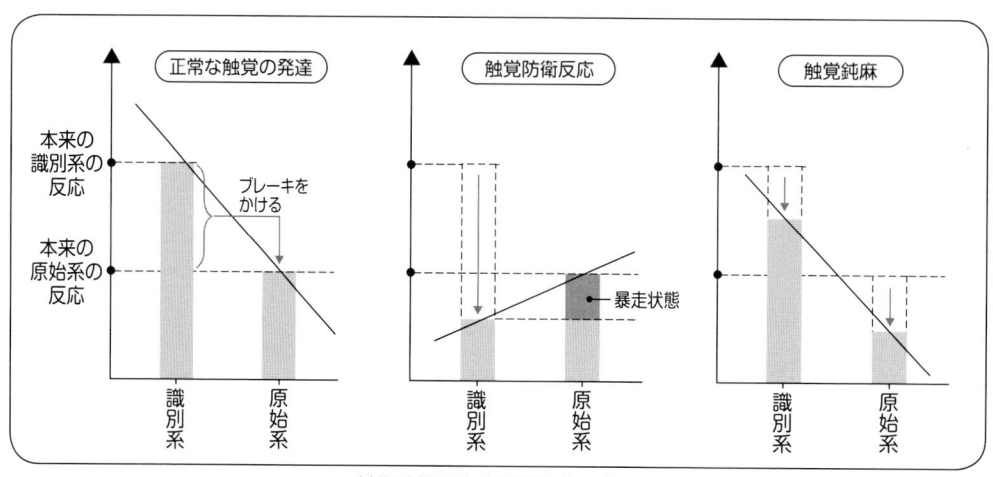

触覚防衛反応と触覚鈍麻の違い

## そのほか併発しやすい防衛反応

### 聴覚防衛反応

　防衛反応は触覚だけでなく、さまざまな感覚にあるものですが、なかでも触覚防衛反応と併発しやすく、保育の中でも気になる姿としてとらえやすいのが、「聴覚防衛反応」です。

　わたしたちにはなんでもない音や声に対して、生理的な拒否や不快反応が出てしまう症状で、擬似体験でいうと黒板に爪を立てて鳴らす音にゾーっとする状態。あれの何倍もの苦痛を感じるもので、「好き嫌い」といった域を超えた、耐え難い状態であると理解してください。

　聴覚防衛反応のしくみについては、よくわかっていない部分が多いのですが、触覚でいうところの原始系と同様、本能的な部分が暴走してしまった状態と考えられます。具体的には、下表のようなジャンルの音に対して、防衛反応は出やすくなります。

　視覚や味覚など、そのほかの感覚にも防衛反応はありますが、目を閉じたり口に入れなかったりすることで、ある程度避けることが可能です。ところが聴覚の場合は、前触れもなく、突然その刺激が入ってきます。これは触覚も同様ですが、360°あらゆる方向の情報を拾ってしまうということで、問題として現れやすいのです。

　なお、聴覚防衛反応は、聴覚過敏ともいわれますが、この「過敏」というのは、研ぎ澄まされた感覚というとらえ方もできます。聴覚防衛反応の出やすい人は、音に対して人並み外れた研ぎ澄まされた感覚をもち、遠くから聞こえる足音でだれが来たかがわかるといったことのほか、「絶対音感」のある人が多いという側面もあります。

> 1. **破裂音・爆発音**
>    風船の割れる音、ピストル音、打ち上げ花火の音など
> 2. **高周波音・棘波音（きょくは）**
>    ホイッスルの音、拡声マイクのハウリング、笛吹きケトルの音、バスの自動ドアの音、食器の当たる音、黒板を引っかいた音、小さい子どもの奇声など
> 3. **機械音**
>    掃除機の音、エアタオルの音、エンジン音、工事現場の音など
> 4. **ざわめき・反響音**
>    ホールや屋内プールなどでのガヤガヤや反響音、聞き取りにくい声など

防衛反応の出やすい音

### ■ 重力不安・姿勢不安

　触覚防衛反応と併発しやすいものとして、重力不安、姿勢不安も挙げられますが、これについては、次の「平衡感覚」のところで詳しく説明します。

## 触覚の統合・アプローチの視点

　感覚統合のアプローチは、「慣れさせ」たり、「頑張らせ」たり、「我慢させ」たりすることではありません。触覚防衛反応が生理的な反応だとすると、それを「心がけ」など心理面で解決しようとするのは、花粉症を精神修行で治そうとするのと同じことです。

　大切なのは、識別系の働きを活性化すること。「原始系にスイッチが入りやすくなっている状態を、識別系を働かせることで原始系にブレーキをかける」方法が、触覚防衛反応へのアプローチの大原則なのです。

　例えば、歯磨きを嫌がる子どもの場合、歯ブラシを持った子どもの手に大人が手を添えて動かしてみます。すると、子どもは手に注意が向くことで、識別系にスイッチが入り、歯ブラシの触覚に対する苦痛が少し抑えられます。

　識別系を働かせるアプローチは、単に苦痛を和らげることにとどまらず、感覚のネットワーク・回路をつないで、識別系の発達を促すという積極的な対応として行います。例えば、シールはりやボタンかけなどで、なかなか手元を見ないという場合、識別系の回路が働くよう、見てほしいところに触れて刺激を与えることで注意が向くようにするのです。

　こうした関わりを日々繰り返し行っていくことで、少しずつ識別系の回路がつながり、脳内に流れる感覚情報の交通整理がされていくことが期待できます。

# 体のバランスに関わる「平衡感覚」

### 平衡感覚系ネットワークのしくみと働き

　平衡感覚は前庭覚ともいい、揺れや回転、地球の引力といった加速度情報を感知する感覚で、主に姿勢のコントロールに関わっています。

　加速度情報は、まず平衡感覚のセンサーによって神経の電気信号になるのですが、このセンサーは、耳の奥にあり、「三半規管」と「耳石器」と呼ばれる部位がその働きを担っています。

　まず三半規管は、主に頭が回転するときに生じる「回転加速度」を感じ取ります。寝返りや、首を傾けたり振り向いたりといった姿勢の変化などの情報を受け止めるのはこの部位です。

　そしてもう一つのセンサーである耳石器は、頭が前後・上下に移動するときに生じる「直線加速度」を感じ取ります。例えば目をつぶっていても、車の発進・停止や加速・減速がわかる（卵形のう）、エレベーターの上下の動きがわかる（球形のう）のは、この部位で情報を受け止めているからです。

　なお、この加速度という情報には、じっとしているときでも働く「重力加速度」というものもあります。わたしたちは、常に地球の引力を重力加速度として受け取っており、そのため、立っていても、座っていても姿勢を維持できるのです。

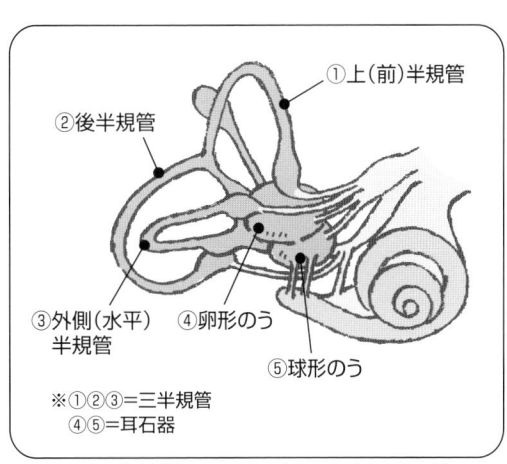

平衡感覚のセンサー（三半規管と耳石器）

①上（前）半規管
②後半規管
③外側（水平）半規管
④卵形のう
⑤球形のう
※①②③＝三半規管
　④⑤＝耳石器

三半規管や耳石器により電気信号となった情報は、脳の中の「受け止める回路（入力側）」で交通整理された後、出力側にある3つの回路に引き継がれていきます。以下、3つの回路について詳しく見ていきましょう。

### 1. 眼球運動の回路…前庭（平衡感覚）－動眼系

　体を回転させると目が回りますが、このとき眼振といって、眼球が左右に揺れる反応が現れます。これが前庭（平衡感覚）－動眼系という回路の反射によるもので、このネットワークを基本にして、目の前の物を注視したり、動いている物を追視したりといった眼球の「動かし方」が発達していくのです。実際に試してみましょう。

　まず一人がその場で10回ほど回転します。回転椅子に座って回してもらってもいいでしょう。その後すぐ、だれかに目の様子を観察してもらいます。すると、十数秒間の目の揺れ（眼振）が確認できるでしょう。

　いわゆる「目が回る」という状態ですが、これは前庭（平衡感覚）－動眼系の回路がつながっている証拠。人はこの回路のつながりを基礎に、注視、追視という眼球運動を発達させてきたのです。

眼振の確認

### 2. 姿勢調節の回路…前庭（平衡感覚）－脊髄系

　わたしたちは日頃、無意識のうちに「筋緊張」を調整して、姿勢を維持していますが、主にその調整をするのが前庭（平衡感覚）－脊髄系です。

　例えば、体が右に傾いたとき、そのズレに合わせて、左側の筋肉の緊張を上げて、頭を垂直に保つようにします。これも実際に体験してみるとよくわかるでしょう。

まず目を閉じた状態で椅子に座り、だれかに、体を左右どちらかに傾けてもらいます。そのとき、頭はどうなっているでしょう。多くの人が、体は傾きながらも、頭を垂直方向に起こそうとするはずです。

どうしてかと、やった本人に聞いても、なかなか明確な答えは返ってきません。というのも、これは無意識のうちに行われることだからです。

体の傾きは、「地球の引力の方向」で感じ取る

少し詳しく説明すると、まず、体が傾けられた瞬間に平衡感覚のセンサー（耳石器）が地球の引力（重力加速度）のズレを感じ取ります。そしてこの情報が、平衡感覚を受け止める回路に届く。ここまでがインプット（入力）側です。そして次に、アウトプット（出力）側の回路に情報がバトンタッチされます。送り先は姿勢調節の回路（運動回路）。これにより、傾きとは反対側の首の筋緊張を上げ、頭を垂直に保ったというわけです。これだけのことを無意識のうちに行っているのですから、すごいですね。

では、何歳くらいで、このネットワークを使うようになるのでしょう？

答えは乳児期にまでさかのぼります。

### ■「筋緊張」調節機能の発達過程

乳児の発達検査項目に「引き起こし反応」というものがあります。赤ちゃんをあお向けに寝かせ、手を引っ張って起こしていくのですが、生後1か月では、まだ頭がだらんとして、ついてきません。ところが3か月頃になると、首がついてきて体幹の延長上に頭がくるようになります。これをもって「首がすわった」というのですが、感覚統合的に見ると、これは前庭（平衡感覚）－脊髄系によるものだといえるのです。

引き起こし反応

その後、6か月頃には座位が確立し、10か月くらいにつかまり立ちができるようになります。首から、背中、そして足へと、全身の筋緊張が調節できるようになり、1歳を過ぎる頃には、歩行が可能になるのです。

　これは筋力が鍛えられたのではなく、平衡感覚系を中心とした脳の機能が発達したということです。そしてそこが、「筋力」と「筋緊張」との違いです。

　「筋力」は意識して使えるもので、抵抗運動を繰り返すことで増強していきますが、「筋緊張」は自分の意識で上げたり下げたりできるものではなく、脳の機能レベルに合わせて働きます。筋力トレーニングによる変化は、筋肉の繊維が太く強くなることであって、脳の機能が高まることとは違うのです。

### 3. 自律神経系の回路…前庭（平衡感覚）－自律神経系

　自律神経は交感神経と副交感神経という2つの相反する機能で成り立っています。この両者の働きは、消化や発汗、血圧・体温の変化機能に関係し、その活動性のバランスを調整しています。また、これと表裏一体で働いている心理的機能に、情緒・情動があります。ここから快・不快の情緒も生じるのです。

　およそすべての感覚は、自律神経とのつながりがありますが、なかでも平衡感覚は自律神経とのつながりが深い感覚です。

　例えば、乗り物酔いは、繰り返し入ってくる揺れや回転の刺激によって、オーバーヒートしてしまった前庭（平衡感覚）－自律神経系の影響から、おう吐や頭痛、血圧の変動といった症状がもたらされたと説明できます。

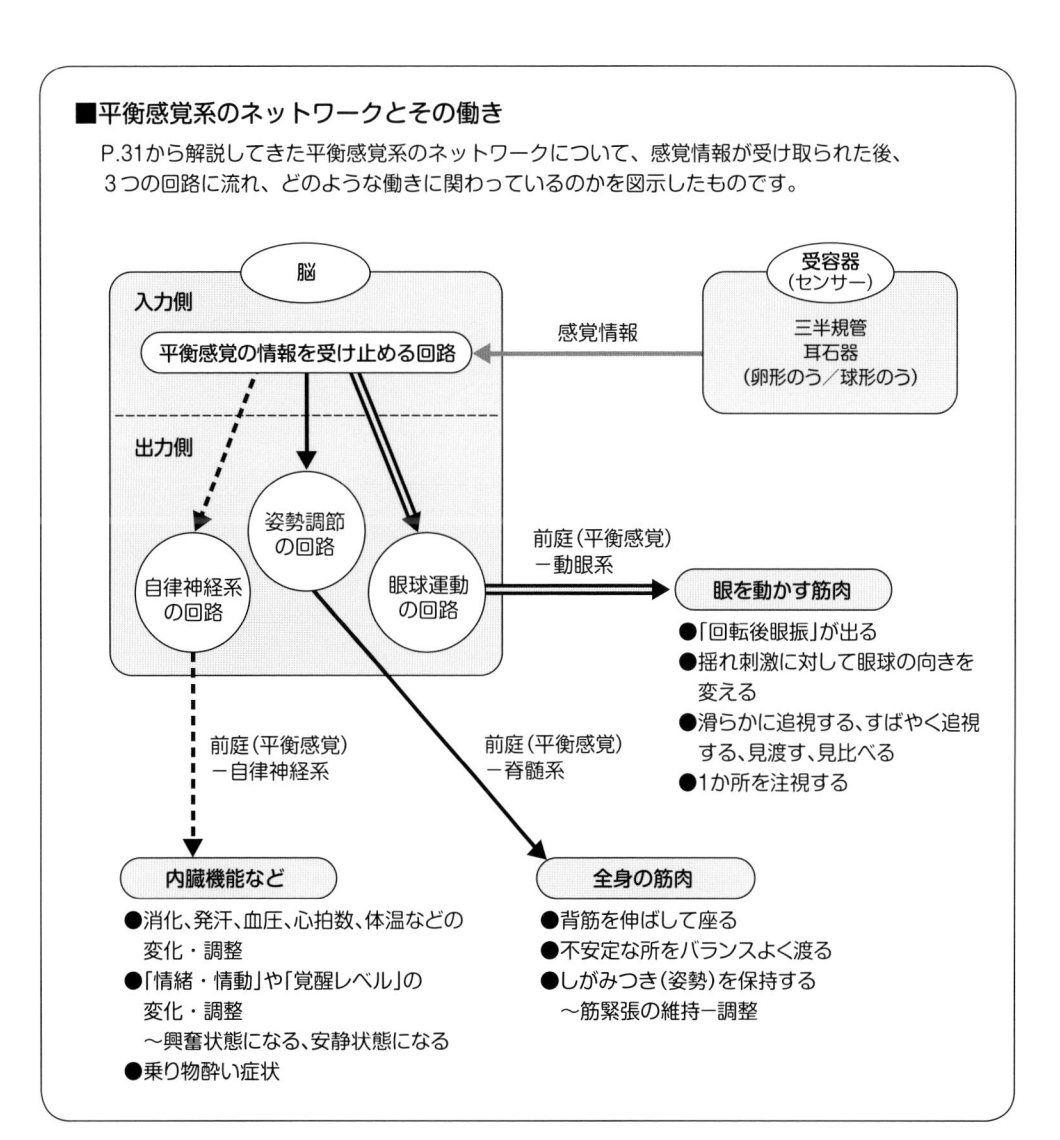

## 2章 感覚統合 これだけは知っておこう

### ■平衡感覚系のネットワークとその働き

P.31から解説してきた平衡感覚系のネットワークについて、感覚情報が受け取られた後、3つの回路に流れ、どのような働きに関わっているのかを図示したものです。

**脳**

**入力側**
- 平衡感覚の情報を受け止める回路 ← 感覚情報 ← **受容器（センサー）**：三半規管、耳石器（卵形のう／球形のう）

**出力側**
- 自律神経系の回路
- 姿勢調節の回路
- 眼球運動の回路

前庭（平衡感覚）－動眼系 → **眼を動かす筋肉**
- ●「回転後眼振」が出る
- ●揺れ刺激に対して眼球の向きを変える
- ●滑らかに追視する、すばやく追視する、見渡す、見比べる
- ●1か所を注視する

前庭（平衡感覚）－自律神経系 → **内臓機能など**
- ●消化、発汗、血圧、心拍数、体温などの変化・調整
- ●「情緒・情動」や「覚醒レベル」の変化・調整
　～興奮状態になる、安静状態になる
- ●乗り物酔い症状

前庭（平衡感覚）－脊髄系 → **全身の筋肉**
- ●背筋を伸ばして座る
- ●不安定な所をバランスよく渡る
- ●しがみつき（姿勢）を保持する
　～筋緊張の維持－調整

35

## 平衡感覚の統合のつまずき

### 1. 前庭（平衡感覚）−動眼系

#### 眼振が出にくいと

　P.32の回転の実験を行ったときに、眼振が出ない、あるいは出にくい子どもがいます。この場合、平衡感覚に対する反応性が鈍いという意味で、「平衡感覚系の低反応」の状態といえます。そのような子どもは、注視、追視、まなざしを合わせることが苦手なことが多く、眼球の動きが悪いときに「目つきがきつい」といった印象を受ける場合もあります。

　また、追視が難しいと、読書の際に同じ行を読む、一行とばし読みするなど、知的レベルが高くても文章を読むのが苦手になるということのほか、注視が難しいため字を書くことが苦手という姿も現れます。

　さらに、ボールの動きを目で追うのが難しくキャッチボールが苦手、絵カードやカルタあそびでの見比べや見渡しが難しいというのも、動眼系の未発達からくるケースが多いものです。

　なお、眼球運動に関しては、一部過剰反応のケースもあります。これを見極めるのは、専門家でないと難しいのですが、実際に検査をすると、回転後20〜30秒眼振が出続けるという子どももいます。

#### 中心視と周辺視

　平衡感覚系の低反応によって現れる状態像として、「周辺視あそび（手をひらひらさせるなど）」ということもあります。これを理解するため、目の構造について少し学んでおきましょう。

　眼球の網膜には、中心部と周辺部で2種類の違った働きをする視細胞が分布しています。

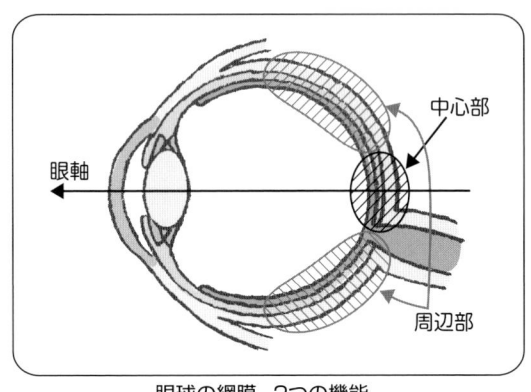

眼球の網膜・2つの機能

まず、中心部の視細胞は「色や輪郭・形」に反応しやすいという特徴があり、ここに集まった視覚情報を使うことを「中心視」と呼んでいます。そしてもう一つ、網膜の周辺部の視細胞は「明暗の変化」や「特定の物の動き」に反応しやすく、ここを使うことを「周辺視」といいます。

中心視はわたしたちがふだん、物を見るときに使う機能で、次の3つの条件から成り立っています。

① 見ることに対する知的好奇心
② 眼軸を対象に向ける（眼球運動）
③ 対象物に焦点を合わせる

つまり、物を見ようという意思をベースに、対象物に目を向け（眼球運動）、焦点を合わせる、というように、3つの条件がそろって初めて、中心視が可能になるのです。

一方、周辺視は、周囲の動きに対して身構える、えさに対して反射的に跳びかかるなど本能的な行動に使われます。例えば、ボールが飛んできたときに、とっさに身をかわすことができるのは、周辺視によるものです。

ふだんわたしたちは、主に中心視を使っていろいろな物を「見て」おり、必要なとき、周辺視に切り替えるというように、無意識のうちに2つの機能を使い分けています。

ところが平衡感覚の統合障害があると、眼球運動が未発達になり、中心視を維持するのが難しくなってしまいます。その結果、眼球運動を必要としない周辺視のほうにシフトしやすくなり、先に述べた「周辺視あそび」が現れるのです。

自閉症のある子どもの中には、目の横で手に持ったひもをずっと振っていたり、光に向けて手をかざして指を動かし、プロペラの回転や電飾の灯りに引きつけられたりする姿が見られますが、これも周辺視あそびです。平衡感覚の統合障害が背景にあるため、感覚あそびが固定化していると考えられます。

## 2. 前庭（平衡感覚）－脊髄系

### 姿勢調節の崩れ

　前庭（平衡感覚）－脊髄系がうまく働かないと、重力に対して体の軸を維持・調整することが難しくなり、姿勢が崩れやすく、転びやすくなります。動作にメリハリがない、と感じることがあるかもしれません。

　運動あそびでは、つり橋など不安定な場所でスムーズに動けない、しがみつきの姿勢が難しいためロープや棒登りが苦手という姿が見られます。そしてふだんの保育の中では、すぐに寝転がったり席についていても机に突っ伏していたり……。これらはすべて前庭（平衡感覚）－脊髄系がうまく働かないことから筋緊張の低下を起こしていると考えられます。

　しかし、そういった理解がないと、「だらけている」「やる気がない」ととらえてしまうかもしれません。ケースを見てみましょう。

### CASE　だらしなく、やる気なく見えてしまうミカちゃん

　机上課題に取り組むミカちゃん。席についてもすぐに机に突っ伏してしまいます。一見、やる気がなさそうなのですが、目の前に教材を置くと、ミカちゃんの背筋が伸び、身を乗り出すようなしぐさを示しました。ところが保育者は、最初の姿勢（第一印象）を見ただけで、「やる気がない」と判断してしまったのです。そのため、この「興味を示した様子」に気づくことができず、この課題はすぐにやめてしまいました。

実はこのように、支援者が「姿勢の崩れ」を「やる気のなさ」として誤解してしまうことでマイナス評価されているケースは少なくありません。
　平衡感覚は意識して使うものではないため、実感しにくい感覚。だからこそ、P.33で紹介したような実験も参考にしながら、いつ、どのように働くのか、実感することが大切なのです。
　すると、だらけているように見える姿勢の印象だけで子どもを判断せず、身を乗り出したり、のぞき込んだり、表情、しぐさ、重心の傾きなどによる「興味があるよ」というサインに気づけるようになってくるでしょう。
　保育者にはぜひ、子どもと関わりながらも、自分の体で、このわかりにくい感覚の世界を実感する努力をしてほしいと思います。

### ■ 平衡感覚系の低反発に伴う自己刺激行動
　なお、平衡感覚系の低反応から、その感覚の不足分を補うがごとく、過剰に平衡感覚への刺激を求める動きをする場合があります。落ち着きなく動き回ったり、跳びはねたり、くるくる回ったり、高い所に登ったりといった行動がパターン的に見られることがあるのです。

## 3. 前庭（平衡感覚）－自律神経系

### ■ 重力不安・姿勢不安
　自律神経は情緒・心理的な快や不快と密接に関係しています。そのため前庭（平衡感覚）－自律神経系のつまずきによって現れる症状にも、心理的なことが深く関わってきます。
　前庭（平衡感覚）－自律神経系の交通整理ができなくなり、過剰な反応が出てしまうのが、揺れにおびえる「重力不安」や慣れない姿勢を怖がる「姿勢不安」です。
　これらは、固有覚とも関係しますが、平衡感覚に対して脳が防衛反応をとってしまうという意味で、前述の触覚防衛反応と併せて「感覚防衛反応」と呼ぶこともあり、この2つは併発しやすいともいわれています。
※感覚防衛反応は、現在「感覚登録障害」というくくりで説明される諸症状の一つですが、話が複雑になるので、ここでは割愛します。

## 平衡感覚の統合・アプローチの視点

　ここまで、平衡感覚の統合のつまずきによって現れる反応をいくつか挙げてきましたが、大きくは、平衡感覚系の「低反応」と「過剰反応」の2つに分けることができます。
　そこでアプローチの視点についても、この2つに分けて見ていきましょう。

### 平衡感覚系の低反応へのアプローチ

　平衡感覚系の低反応によって現れる行動の問題は、主に前庭（平衡感覚）－動眼系と前庭（平衡感覚）－脊髄系に関わるもので、眼球運動の未発達や姿勢の崩れなどです。平衡感覚の働きに必要な情報が足りないということなので、アプローチとしては、平衡感覚が受け止める加速度情報（回転加速度、直線加速度、重力加速度）を入れていくこととなります。
　具体的な方法は、5章で紹介しますが、例えば、眼球運動の未発達には回転刺激、姿勢の崩れには、上下・前後の揺れ刺激、というように、平衡感覚のどの部分でつまずいているかによって、入れる加速度情報が違ってきます。
　なお、自己刺激行動として多動などが現れている場合も、アプローチの視点は同じです。ただ、この場合、姿勢の調整としての平衡感覚に加え、動きの調整としての固有覚を合わせて考える必要性も出てきます。

### 平衡感覚系の過剰反応へのアプローチ

　平衡感覚系の過剰反応として現れる行動の問題は、主に前庭（平衡感覚）－自律神経系に関わるもので、「重力不安」と「姿勢不安」です。ブランコやトランポリンを怖がるといった姿として現れますが、その背景に感覚のつまずきがあるとわからないと、単に臆病な子どもとして、放っておかれることも多いケースです。
　そこで、こうした子どもの感覚統合的アプローチを考えるうえで参考になる一つの説を紹介しましょう。

触覚には「原始系」と「識別系」の2つの働きがあると述べましたが、平衡感覚においても同様に考えることができます。

　生物の長い進化の歴史のなかで、水中を動くためには、まず、血圧の調整をはじめ、さまざまな機能が必要だったと思われます。それが自律神経系の働きとなりました。その後、陸に上がり姿勢保持（脊髄系）が必要となり、そして最後に目を動かす機能（動眼系）が求められてきたことが推測されます。

　こう考えると、自律神経系は最初につながりを密にした回路で、いわば触覚でいうところの原始系に相当します。したがって、自律神経系に過剰に情報が流れている場合は、よりあとに進化してきた回路（触覚でいうところの識別系）のほうに、情報を流すようシフトさせることがよいのではないかと考えられるのです。

　マサト君のケースを見てください。これを前述の説に当てはめると、まずは床面（ボード）に接近した姿勢であることから、重力不安・姿勢不安が出にくいのだと考えられます。また、スクーターボードの上にうつ伏せに乗って移動することで、体軸方向の加速度刺激を受けることになります。しかもその際、自然に背筋を伸ばした姿勢が維持できているため、自律神経系の反応が抑制されていったと考えられるのです。

## CASE　重力不安のあるマサト君

　重力不安があるとみられるマサト君。トランポリンに乗せると、立つことができず四つんばいになって固まり、怖がっていました。

　そこで地面から浮き上がる垂直方向ではなく、水平位で体軸方向に加速度がかかるスクーターボードに腹ばいで乗り、行ったり来たりの運動を楽しみながら行いました。

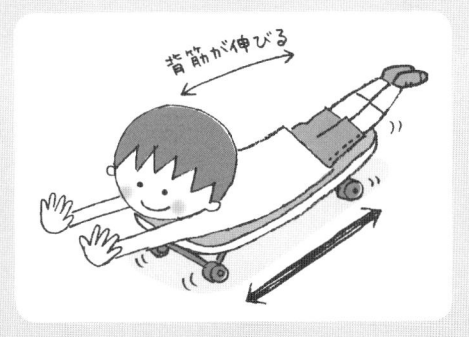

　そして約30分後、マサト君をトランポリンに乗せてみたところ、わずかながらも一人で立って、ピョンピョンと跳びはねることができました。

# 筋肉や関節の動きを感知する「固有覚」

## 固有覚のしくみと働き

　筋肉や腱、関節の中にも感覚のセンサーはあり、それらを総称して「固有覚」といいます。人体の深いところで働いているということで「深部覚」ともいわれ、具体的には、3つの情報を脳に送る働きがあります。

1. 関節の角度
2. 筋肉の収縮の程度・力の入れ具合
3. 筋肉や関節の運動状態（どこで、どういう運動が生じているか）

　つまり固有覚によって、自分の手足や体の関節がどの程度曲がっているのか、伸びているのか、またどのくらい筋肉に張りが生じているのかを知覚し、力の加減をすることができているのです。
　そういわれてもピンとこないかもしれません。実は、固有覚は、筋肉や骨格といった運動器そのものが感覚器の役割を果たしており、そこに理解の難しさがあるのです。

## 固有覚を実感しよう

　固有覚を理解するには、自分の体で実感するのが一番です。次のような実験をしてみましょう。

### 1. 関節の角度を体感

　右ページ上図のように、だれか（B）に自分（A）の右手を持ってもらい、目を閉じます。そ

してBはAの右腕や右手を動かし、いろいろな形（肢位）を作ります。Aは目を閉じたまま、その形を左手で再現します。

どうでしょう。おそらくほぼ正確に再現できたのではないでしょうか。このように目で見なくても右手の形を再現できるのは、「関節の曲がり具合や伸び具合がわかる」、つまり関節の角度を感じ取る固有覚の働きによるものです。

### 2. 筋肉の収縮・力の入れ具合を体感

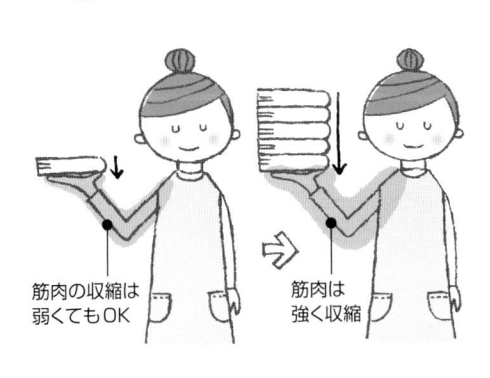

目を閉じて、片手のひらを上に向けて出し、そこへだれかに本を載せてもらいます。初めは1冊、次に5冊……この違いはだれもがわかるでしょう。

どうしてわかったのか聞いてみると、ほとんどの人は「重さの違いがわかったから」と答えます。しかし、さらに突っ込んで「重さの違いはどうやってわかったのですか？」と質問をすると……答えられる人はまずいないでしょう。よもや「筋肉の張りの違いを感じたから」と説明できるでしょうか。

筋肉の収縮は弱くてもOK　筋肉は強く収縮

手のひらに置かれた本を支えるため、肩や腕、手首の筋肉の収縮程度を上げるのですが、この「力の入れ加減がわかる」こと自体が、固有覚の大切な働きなのです。

### 3. 筋肉や関節の運動状態を体感

「1. 関節の角度を体感」では、ストップ・モーションの再現でしたが、そこに動きを加えてみても、同じように反対の手で再現できますね。つまり「動いている状態」がわかるのも、固有覚の働きによるものなのです。

以上、固有覚の働きについて、自分の体で感じる実験を紹介しました。なかなかわかりづらい感覚ですが、実際に自分の体で実感することで、少しは固有覚の理解に近づけたのではないでしょうか。

## 固有覚の統合のつまずき

### 力加減がうまくいかない

　固有覚の統合につまずきがあると、力加減がうまくいかないため、動作や行動が乱暴で不器用といった姿として現れます。車の運転に例えると、アクセルやブレーキの踏み込み加減がうまくいかず、急発進、急ブレーキという乱暴な運転になってしまう、というイメージです。

　子どもの場合は、物の扱いが乱雑、不器用といったことが問題視されやすくなります。これらは平衡感覚も関係していますが、感覚統合と関連づけて考えられないと、「もっと丁寧に」「そっと動かして」というように言葉で注意されます。

　しかし感覚情報が交通整理できていない子どもにとって、何が「丁寧に」なのか、どうすれば「そっと」ができるのかまったく理解できないだろうと思います。

### 固有覚の低反応に伴う自己刺激行動

　固有覚においても、低反応からくる自己刺激行動というものがあります。ジャンプしたときにかかとから強くドンッと落ちたり、壁にドーンとぶつかったり……。そういうことで体全体に刺激を与え、足りない感覚情報を補おうとするのです。これもまた、理解されにくい行動でしょう。

## 固有覚の統合・アプローチの視点

　固有覚はとてもわかりづらい感覚のため、統合につまずきがあった場合、そのことを周囲が理解して関わることが大切です。この周囲の理解こそが、アプローチとして一番重要なことなのです。

実例を通して考えてみましょう。下記は、クラスに気になる子がいるので、見てほしいと言われて訪ねた際のケースです。

### CASE 動作が乱暴なユウ君

5歳児のユウ君に対する担任の困りは、力加減ができないため物の扱いが荒く、人に対しても乱暴ということでした。ワークに取り組む姿を見る限り理解度は問題ないようですが、鉛筆で書いているとすぐに芯を折り、消しゴムも力を入れすぎるためノートが破れてしまいます。わたしが感覚の世界についてひと通り話をすると、担任は「よくわかりました」と答えてくれました。

そして給食の時間。みそ汁をよそおうとしたとき、力の加減ができずこぼしてしまったユウ君を見て担任は、「こういうことは家でしつけてもらわないと」と言ったのです。担任はわかった「つもり」でいましたが、実はそうではなかった。しつけではなく、固有覚に関係しているということが伝わっていなかったのです。

そこでわたしは、ユウ君とゲームを行うことにしました。コップを2つ用意し、片方にだけ水を入れます。そして「中身が空っぽだったら、先生の手にジャーッとやって、水が入っていたら、そっとテーブルに戻してね」と言ってゲームを始めました。

第一回戦。空のコップを渡すとユウ君は、中を見て水が入っていないことを確かめ、コップを傾けます。次に、もう1つのコップを渡します。のぞくと水が入っているので、そのまま戻します。これを2回、3回とやっていくと、しだいにユウ君は中をのぞかなくても正解するようになりました。最初が空で次が水入りという手順が学習されたからです。

そこでレベルアップ。ユウ君には目隠しをしてもらい、コップの順番を変えました。すると、最初に水の入ったコップを持ったユウ君は、何の迷いもなくジャーッとやったのです。

このゲームを見て初めて担任は、「ユウ君は固有覚の統合のつまずきによって重さを感じ取れていない」ということを実感しました。言葉の指示だけでは修正できないということを納得したようです。

この担任が、特別理解のない人ということではありません。それだけ固有覚の世界はわかりにくく、誤解され、適切な対応をされずにいる子どもたちが多いということ、周囲の理解が重要だということなのです。

# 自分の体に対する実感
# 「ボディ・イメージ」

## ボディ・イメージとは

　感覚統合的アプローチを考えるうえで、一つひとつの感覚を分けて語れないこともあります。その一つとして、「ボディ・イメージ」について、解説します。

　ボディ・イメージとは、学問的な立場によりさまざまな定義がなされますが、あまり厳密にすると、かえって混乱してしまうので、実践につながる理解として、ここでは、「自己身体に対する実感」ととらえることにします。もう少し詳しくいうと、

① **自分の手足・体の輪郭、サイズ、位置や部位**
② **自分の手足・体の曲げ伸ばし具合、力加減**
③ **自分の体の軸の傾き具合**

などを実感することを指し、主に①は触覚、②は固有覚、③は平衡感覚が関係しています。

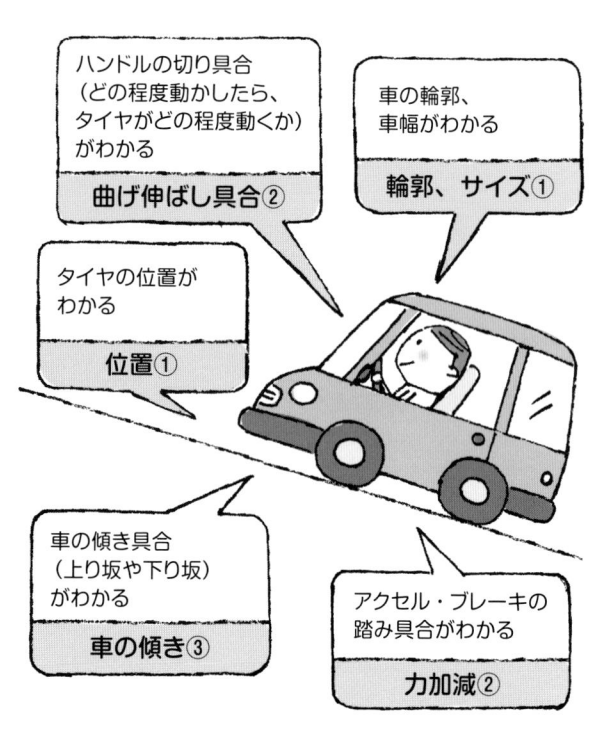

- ハンドルの切り具合（どの程度動かしたら、タイヤがどの程度動くか）がわかる　**曲げ伸ばし具合②**
- 車の輪郭、車幅がわかる　**輪郭、サイズ①**
- タイヤの位置がわかる　**位置①**
- 車の傾き具合（上り坂や下り坂）がわかる　**車の傾き③**
- アクセル・ブレーキの踏み具合がわかる　**力加減②**

ボディ・イメージを車の運転に例えると

人は、このように自分の体における「実感」があることで、体を器用に動かしたり、物を判別したりということが可能になってくるのです。

## ボディ・イメージと関わりの深い能力

　このボディ・イメージはわたしたち人間の心身にどのように関わっているのでしょうか。主なものを挙げながら、それぞれ未発達の場合、どんな姿として現れるかについても見ていきましょう。

### 運動企画

　運動企画とは、動作イメージを作り上げていくことで、手足や体を動かす際の、
- **手順を組み立てる**
- **範囲や力の加減を調整する**
- **リズムやタイミングを調整する**
- **体の軸やスピードを調整する**

能力であると位置づけられます。この運動企画をもとにして、器用に体を動かすことができるのです。

　例えば、跳び箱を跳ぼうとするとき、「このへんからスピードアップして、ここで両足をそろえて踏み切った瞬間に、両手で跳び箱の上をたたいて、体が宙に浮いている状態から足を前に振り出して、着地」という動きの流れを、理屈抜きに頭の中で組み立てる能力のことです。スポーツ選手が行うイメージトレーニングも、ボディ・イメージが備わっているからこそできることなのです。

　したがって、ボディ・イメージが未発達な場合は、動作イメージを作り上げることが難しいため、「不器用」「ぎこちない動き」として現れてしまいます。

### ■ チャレンジ意欲や動機づけ

　ボディ・イメージの発達によって器用に体を動かすことができると、さまざまな活動への意欲が高まります。これは、逆にボディ・イメージの未発達が子どもの意欲や動機づけの低下につながることを意味しており、活動への「苦手意識」が生じやすくなるとも考えられます。とりわけ他者と自分とを比較する能力のある子どもは、自分のできなさが見えてしまって、「やらない」となってしまいます。この苦手意識は、時に「笑ってごまかす」という姿として現れ、ふざけていると誤解されることも少なくありません。

　では、そういった子どもに対して、保育者はどう向き合ったらよいのでしょう。できないことを無理強いしてはいけませんが、何もしないのも問題です。大切なのは、「やろうとしない」姿に対して、その背景にボディ・イメージの未発達からくる苦手意識があることを理解し、その程度がどのくらいかを読み取ることです。

　そのうえで、嫌がっている課題を無理にさせるのではなく、まず、自分の体を実感するためのアプローチを丁寧に行う。その効果が出て、ボディ・イメージが育てば、苦手意識も少なくなり、嫌がっていた課題に挑戦しようという姿も期待できるのです。

　ただ、このときに気をつけたいのが、反復学習によって動きのパターン化が形成されやすいということです。

　発達障害のある子どもに対して、必要な動作・行動を何度も繰り返し行うことで身につけさせようという指導があることも事実です。例えば着替えなどの日常動作の一部は、パターン化だけでも実用的になることもあるし、それなりの意味もあります。

　しかしこれは、感覚統合の視点からすると、動作を暗記しているだけであって、ボディ・イメージが育ったということにはなりません。その証拠に、シャツを中に入れてズボンをはくことができたとしても、何かの拍子に背中側のシャツが出てしまったとき、それに気づかず、入れることもできないという子どもが多いでしょう。シャツを入れるという動作手順の臨機応変さが未形成なのです。

　ボディ・イメージがつかめていない子どもにとって、とりあえずパターン化で暗記した動作を繰り返し行うことはできても、新たな状況に動作を対応させていくことは難しいものです。つまり、ボディ・イメージが育っていなければ、応用はきかないのです。逆にいえば、

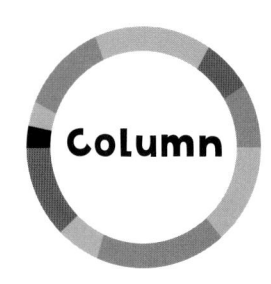

2章 感覚統合 これだけは知っておこう

## Column　手の不器用な状態像・そのほかの要因

手先の不器用さにはさまざまな要因が関わっており、ボディ・イメージの未発達以外には主に以下4つの要因があります。

### 1　肩甲帯の支持性の未発達による手先の可動性の未発達

肩甲帯（肩甲骨や肩関節およびその周囲筋を含めた肩の部位全体）がぐらついていると、腕の動きも不安定となり、手先をうまく動かせない。

― 肩甲帯
― 橈骨
― 尺骨
尺側　橈側

### 2　手掌支持の未発達による手指の動きの未発達

親指（拇指）がそのほかの指と向かい合うこと（拇指対向）と、てのひら全体を用いて力強く握る「パワーグリップ」が育っていないと、指先でしっかりつまむ「パワーピンチ」の発達が阻害される。

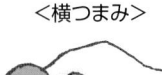

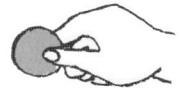

＜パワーピンチ＞　　＜横つまみ＞

パワーピンチが未発達だと横つまみになり、指先を使う細かい作業が難しくなる。

### 3　橈側（親指側・主に操作に使う）と尺側（小指側・主に支持・固定に使う）の分離・協応の未発達

例えば鉛筆で字を書く動作は、尺側は机上に固定し、橈側を細かく動かす、というように分離して使うことによって成立する。

橈側を動かす
尺側は固定

### 4　目と手の協応の未発達

目で見て、手を動かす協応動作がうまくいかないことも手先の不器用さの要因となり、これには以下2つの未発達が関連する。

　①前庭（平衡感覚）－動眼系の未発達
　②手の識別系の未発達（触覚防衛反応や触覚鈍麻がある場合）

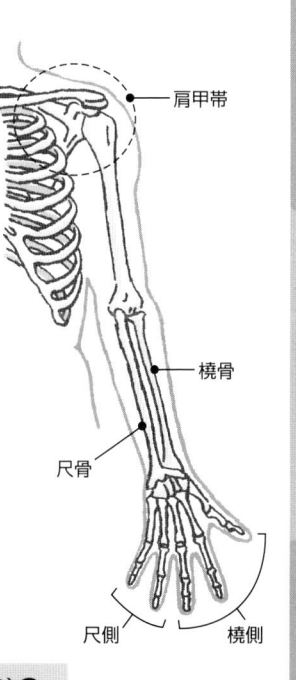

ボディ・イメージが育ったことで着替えられるようになった子どもの場合は、服が変わっても、それに合わせて体を動かすことが可能になり、着替え以外でも、できることが増えていくのです。

　なお、誤解のないようにひと言付け加えると、けっして反復学習を否定しているわけではありません。反復学習によって毎日繰り返している生活動作がパターン化され、生活しやすくなったり、精神の安定につながったりするのであれば、それは必要な指導といえます。

### ■ 視空間認知
　　　〜サイズや位置関係をとらえる〜

　視空間認知の一つに、見たものに対するサイズ（大小、長短、高低、広狭など）や、上下、左右、前後、裏表、といった位置関係をとらえる機能がありますが、これにも生理的な実感が必要です。

　例えば、子どもの頃に通っていた学校に大人になってから行ったとき、「校庭はこんなに狭かったっけ？」「すべり台はこんなに小さかった？」と思ったことはないでしょうか。これは、視空間認知において、自分の体のサイズや姿勢調整能力を物差しとして使っているため、体のサイズが変化すると、見た物のイメージも変わってしまうということです。ボディ・イメージの情報をとおして書き込まれた記憶だから、ということなのです。

　また、目の前に置かれた物の把握においても、ボディ・イメージがもとになっています。自分の体をイメージしたとき、目鼻がついているほうが前で、その反対が後ろ、頭が上で、その反対の足が下……といった実感が、いろいろな物の上下、前後、左右などを把握するときの手がかりとなります。

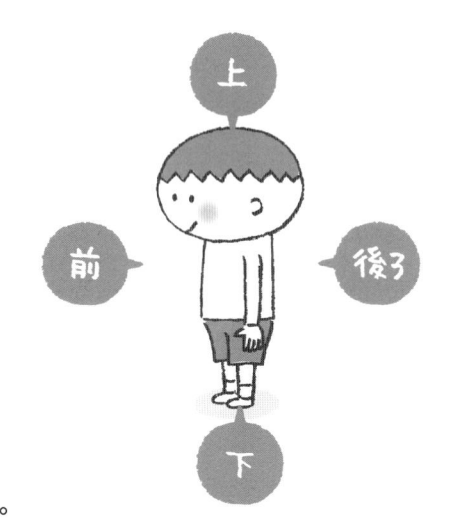

したがって、ボディ・イメージがぼんやりしていると、見た物に対するとらえ方もぼんやりしてしまうのです。

### 図と地の弁別

これは、多くの情報から必要な情報だけをピックアップする知覚機能です。およそすべての知覚に当てはまりますが、例えば視覚では、いろいろな物がかかれた画面から、特定の物を探し出すという機能になり、この力を要する絵本も多く出版されています。

「図と地の弁別」と「ボディ・イメージの発達」の関連性を説明すると複雑になるので、ここでは次のように考えます。

ボディ・イメージというのは、体の輪郭などを教えてくれるものであり、自分の体と外界との間のフィルター機能として働きます。この機能が、脳の中では無数に入ってくる感覚情報の取捨選択に役立ち、その結果「図と地の弁別」機能が保障されているというとらえ方です。

実際に、ボディ・イメージが未熟な子どもに対して、タッチング（体を触り、その部分に関心を向けさせる）や、くぐり抜けあそび、よじ登りあそびなどを数週間続けただけで、それまで楽しめなかった「○○を探そう」といった「図と地の弁別」を要する絵本を、急に楽しめるようになったという事例が数多くあります。

### 注意の集中、持続

感覚に注意を向けていく脳の機能を「定位」といいます。つまり定位ができるということは、注意の集中、持続ができるということ。おもちゃを見せたらじっと見るのは「視覚定位」、辞書には載っていませんが、体に触れたらそこに意識を向けられるのは「触覚定位」と呼ぶことができます。

そしてこの「定位」の機能が育つためには、ボディ・イメージが欠かせないため、ボディ・イメージが未発達の場合、入ってくる情報をすべて拾ってしまい、注意が続かないということになるのです。

## すべての原因をボディ・イメージとしない

　ほかにも、ボディ・イメージが関連した力はいくつかあり、「衝動性の抑制」「自我の発達」などにも深く関わっています（右表）。このように挙げていくと、ボディ・イメージが、さまざまな力の源になっていることがわかるでしょう。

　とはいえ、気になることもあります。それはすべて「ボディ・イメージが未発達だから」といった便利な言葉として使われないか、という心配です。

　よく、記録書類において子どもの課題やつまずきを記入する欄に、「ボディ・イメージが未発達」と書かれていることがあります。これもけっして間違いではないと思いますが、便利な言葉というのは、使う本人がその意味をわかっていないと、本来の課題がぼやけてしまうことがあります。

　例えば、「A君の衝動性が抑制できていないときのボディ・イメージの未発達というのは、平衡感覚系の低反応がベースにあるから……」というように、ボディ・イメージの構成要素に立ち帰って実態把握をしておくことが重要なのです。

　ボディ・イメージはいろいろな感覚が複合的に関わっているため、個別に切り離して考えられないものであることは確かです。しかし支援者としては、何にでも通用する便利な言葉として使わないよう、十分に理解することが大切です。

## ボディ・イメージの向上・アプローチの視点

　ボディ・イメージを向上させるプログラムは無限大にあるため、その中でどのプログラムが必要かを見極めるには、その子の状態像を詳しく知る必要があります。

　「ボディ・イメージを向上させる」というのは、学力を向上させるというのと同じ。算数の学習でも計算力が弱い子には計算ドリルをさせるように、ボディ・イメージの中のどの要素が関わっているのかまでわかっていないと、その子にとって必要なアプローチもわからないとい

うことなのです。

　ただ、保育現場におけるアプローチとしては、そんなに厳密に、ピンポイントでやろうとしなくてもよいでしょう。全身を動かすあそびを多く行うことでボディ・イメージ全体がレベルアップすれば、運動企画や視空間認知などそれぞれの力も育っていくという考え方で十分だと思います。

| ①運動企画 | 動きの手順を組み立て、動きの範囲や力加減・リズムやタイミング・体の軸やスピードを調整する能力。ボディ・イメージが未発達の場合、不器用、ぎこちない動きとして現れる。 |
|---|---|
| ②チャレンジ意欲・課題への動機づけ | 器用に体を動かすことができると、活動への意欲が高まる。ボディ・イメージが未発達の場合、苦手意識が生じやすい。 |
| ③視空間認知 | 一例として、見たものに対するサイズ（大小、長短、高低、広狭など）や、上下、左右、前後、表裏などの位置関係をとらえる機能がある。 |
| ④図と地の弁別 | 多くの情報から必要な情報だけをピックアップする知覚機能。ボディ・イメージが未発達の場合、物の輪郭やサイズなどをとらえにくくなり、認知がぼやける。 |
| ⑤注意の集中・持続 | ある感覚に注意を向ける脳の機能で、視聴覚、触覚など感覚刺激に対する「定位反応」。ボディ・イメージが未発達の場合、注意し続けることが困難になる。 |
| ⑥衝動性の抑制 | 衝動的な言動を抑え、コントロールする。ボディ・イメージが未発達の場合、動作や言語のフライングなど、コントロールがきかない状態を作り出す。 |
| ⑦自我の発達 | ボディ・イメージ（身体的・生理的自己像＝自分の体を実感する力）の発達が、自我（精神的・心理的自己像＝自分の心を実感する力）の発達につながる。 |

ボディ・イメージが作り出す力

# 脳の活動状態を示す「覚醒レベル」

　感覚統合と関係の深いものとして、もう一つ、覚醒レベルがあります。覚醒といっても、本人が感じる眠さではなく、脳の生理的な活動状態を指します。

　ふだんわたしたちは、静かに話を聞くときは少し覚醒レベルを下げ、外で思い切りあそぶときには少し上げるなど、無意識のうちにコントロールしています。ところが、この調整がうまくいかず、覚醒レベルが上がりすぎた（ハイテンション）まま、もしくは下がりすぎた（反応が鈍い）ままという状態になると、多動、落ち着きがない、反応が薄い、ボーッとしているなど、気になる姿として映ってしまうのです。

　覚醒レベルを変化させるためには、次のようなアプローチが効果的といわれています。それぞれの覚醒レベルの状態に合わせて対応を考えていきましょう。

1. **感覚アプローチ**
   ① 覚醒レベルを鎮める（ゆりかご効果）
   　弱めでゆったりとした一定リズムの感覚（刺激）情報を送る。
   ② 覚醒レベルを高める
   　（ジェットコースター効果）
   　強く、変化の激しい、不規則な感覚（刺激）情報を送る。

2. **保育・教育的アプローチ**
   　本人の興味・関心・好奇心を刺激する場面・題材を提供する。

3. **薬物アプローチ**
   　ある一定以上の症状が出ているときは、医師の診断のもと、薬物療法が必要な場合もある。

| レベル | 状態 |
|---|---|
| ハイテンション | 注意散漫で落ち着きがない。多動。 |
| 正常値 | 清明な意識があり、集中力も十分に発揮。 |
| 低下レベルⅠ | 寝る前の子が騒ぐように一見ハイテンションになり、コントロールできない状態。 |
| 低下レベルⅡ | 眠たくても眠れない赤ちゃんのようにぐずり泣きをしたり、とても不機嫌。 |
| 低下レベルⅢ | まどろみ状態で、ほとんど反応がない。 |

覚醒レベルの段階図

# 3章 実践

## 園生活での気になる姿 その読み取り

園生活のさまざまな場面において、つまずいたり、
困ったりしている子どもたち。
これらを感覚統合の視点でとらえてみましょう。
子どもの気になる姿について、「それはなぜ？」がわかれば、
「どうしたらよいか」が見えてきます。

# ❶ 生活 関わりづらい

表情が乏しく、あやしても反応が薄い。

親と別れるときに泣きもせず、後追いもしない。
床に座らせると、ずっとそのまま。

抱っこや手をつなぐといった
スキンシップを嫌がる。

抱っこやおんぶがしづらく、
しっかりしがみついてこない。

**実はこんな状態像ともつながりが…**

- ●ひっくり返って体をぶつけても、痛そうにしない。泣かない。
- ●おもちゃへの反応が薄く、周囲に興味を示さない。
- ●午睡から目覚めても、いつまでもボーッとしている。
- ●落ち着きなく動き回ったり、跳びはねたりパターン的な行動が見られることもある。

3章｜園生活での気になる姿　その読み取り

❶ 関わりづらい

## それはなぜ？
～感覚統合の視点～

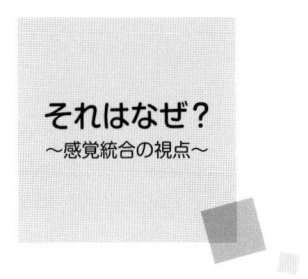

※それぞれの状態像に合わせた効果的なアプローチが紹介されているページです。左記の解説で挙げていない感覚のカテゴリーからも、効果の期待できるものはピックアップしています。

効果的なアプローチは…

### 表情、反応が乏しい ▶ 覚醒レベルの低下　→P.98～99

　表情が乏しく反応が薄いという姿には、覚醒レベルの低下が考えられます。脳全体が目覚めていないため、外からの刺激に対する反応が鈍くなるのです。後追いをしない、ぶつけても痛そうにしない、泣かない、という姿は、それに加えて痛覚鈍麻の状態に陥っている場合もあります。ぐずって不機嫌という姿も見られます。

### スキンシップを嫌がる ▶ 触覚防衛反応　→P.96～102, 106～107

　スキンシップを嫌がる理由として、触覚防衛反応が考えられます。くすぐったり、揺らしあそびをしたり、覚醒レベルを上げるアプローチが状態をよくすることもありますが、原始系が目覚めて触覚防衛反応が現れた、というように関わりづらさが違った形で出ることも考えられます。いずれにしても、共感性の育ちが心配です。

### おんぶ、抱っこがしづらい ▶ 平衡感覚系の低反応＆ボディ・イメージの未発達　→P.104～109, 112～118

　おんぶや抱っこがしづらいという場合、平衡感覚系の低反応により筋緊張の保持・調節がうまくできていないということも考えられます。重力方向を感じにくいため、おんぶをしたときに自分の体の軸が崩れてもわからず直せない、しがみつけないという状態になるのです。また、3～4歳になっていてもおんぶや抱っこでしがみついてこないとなると、ボディ・イメージの未発達が考えられます。
　なお、平衡感覚系の低反応は、運動機能が発達してくると、多動となって現れることもあります。跳んだり、回ったりを繰り返し、でもじっとしているときは寝転がっている……というように相反する行動が共存しやすくなるのです。

～その他の視点～
・大人の声が聞き取れない、難聴、弱視、姿を目で追えないなどから反応が乏しいということも。
・知的障害、重い自閉症なども考えられます。

## ❷ 生活 身支度がうまくできない

着替えが苦手
体をうまく動かせない。
ボタンの掛け外し、
ひも結びができない。
服の前後、靴の左右がわからない。

顔ふき、歯ブラシを嫌がる。えり元のタグを嫌がる。
帽子のゴムを嫌がる。

朝のシールはりや、荷物整理ができない。

実はこんな状態像ともつながりが…

- 積み木やブロックなど手先を使ったおもちゃあそびが苦手。
- 整理整頓や片付けができない。
- 砂や泥んこあそびを嫌がる。

3章　園生活での気になる姿　その読み取り

❷ 身支度がうまくできない

### それはなぜ？
～感覚統合の視点～

効果的なアプローチは…

**着替えが苦手 ▶ ボディ・イメージの未発達＆平衡感覚系の低反応** ▶P.96、98～99
104～110
112～117
120～122

　着替えがうまくいかない手先の不器用さにはさまざまな要因がありますが、感覚統合の視点では、（触覚系との関わりも含む）手のボディ・イメージの未発達と、平衡感覚系の低反応によって姿勢の保持や調節が難しいなどといった複数の働きが関係しています。

**歯ブラシ、顔ふきを嫌がる ▶ 触覚防衛反応** ▶P.96～102

　歯ブラシや服のタグなどの感触を嫌がる場合は、触覚防衛反応と考えられます。触覚防衛は頭、顔、首など命に関わる部位に強く出る傾向があるので、顔ふき、耳かき、帽子、襟元のタグなどへの拒否は出やすくなります。また、防衛だけでなく、闘争行動を引き起こす症状でもあるため、かみつく（歯の周囲）、ひっかく（爪の周囲）に関わる部位も触覚防衛が出やすく、歯磨き、爪切りを嫌がる状態として現れるのです。

**シールはりができない ▶ ボディ・イメージの未発達＆運動機能・目と手の協応の未発達** ▶P.104～106
108～109
114～116
121

　つまむ、つかむ、シールのはりはがしなど細かい手先の操作の基礎には、ボディ・イメージに加えてパワーグリップ（力強く握る）や手掌支持（手のひらで体重を支える）があります。そしてその機能発達には、手先だけでなく姿勢作りを含めて肩から腕全体の運動機能が関係します。

　また、「手先を"見て"操作する」という目と手の協応の未発達が不器用さにつながっていることもあります。目と手の協応は、前庭（平衡感覚）－動眼系や手の識別系（触れた物に関心が向く、形、大きさ、素材の違いを識別する）といった感覚統合とも大きく関わります。

～その他の視点～
・運動発達や身体機能の障害のほか、ADHDなどによる注意散漫という特性から、手先の操作に集中できないことも考えられます。

## ❸ 生活　食事でのつまずきが多い

食べこぼしが多い。

スプーン、はしがうまく使えない。茶碗をきちんと持てない。

そしゃく、飲み込みがうまくできず、食べ物を口の中にため込んだり、丸のみをしてしまう。

食事中、立ち歩いたり、食べ物であそんだり、落ち着きがない。

ひどい偏食がある。

汁物をよそったり、お盆に載せて運んだりがうまくできない。

実はこんな状態像ともつながりが…
- 手先が不器用で、着替えがうまくいかない。
- 苦手な感触や音がある。

## 3章 園生活での気になる姿　その読み取り

❸ 食事でのつまずきが多い

### それはなぜ？
～感覚統合の視点～

効果的なアプローチは…

**食べこぼし、配ぜんに問題 ▶ ボディ・イメージの未発達&平衡感覚系、固有覚のつまずき** ▶P.101～102
　　　　　　　　　　　　　　　　　　　　　　　　　　　　　　　　　　　　　　　　　　104～106
　　　　　　　　　　　　　　　　　　　　　　　　　　　　　　　　　　　　　　　　　　108～109
　　　　　　　　　　　　　　　　　　　　　　　　　　　　　　　　　　　　　　　　　　112～117
　　　　　　　　　　　　　　　　　　　　　　　　　　　　　　　　　　　　　　　　　　120～122

　食べこぼしが多い、食具・食器がうまく使えないのには不器用さがあり、手や腕の触覚系に関わるボディ・イメージの未発達と、平衡感覚系の低反応によって姿勢の保持や調節が難しくなっているという2つが関わっています。また、P.58の身支度と同様、パワーグリップや手掌支持、目と手の協応も関係しています。
　さらに汁物をよそう、お盆に載せて運ぶという動作には、固有覚の統合も関わります。

**偏食 ▶ 口の触覚防衛反応** ▶P.96～100

　偏食は味覚になじまないこと以前に「舌触り・歯触り」といった口の中の触覚に防衛反応が出ていることも考えられます。ぬるっとしたり、べっとりしたり、シャキシャキ、チクチクなどの食感が嫌で、口に入れなかったり、入れても吐き出したりしてしまいます。

**食べこぼし、丸飲み ▶ 口の運動機能の問題** ▶P.113～114

　離乳食から普通食にステップアップしていく段階で、「口唇を閉じる」「しっかりかむ」「パワフルに飲み込む」といった口の使い方の学習が十分でないと、口に食べ物が入るときに、口唇での取り込みが不十分でこぼしてしまったり、そしゃく中に口唇が開いて食べ物がこぼれてしまうことがあります。全身運動の中で「アゴを引いて頭の位置を保持する」姿勢や手の「パワーグリップ」が含まれる活動が口の機能を促してくれます。

**立ち歩く ▶ 平衡感覚系の低反応や触覚の鈍麻による自己刺激行動** ▶P.98～99
　　　　　　　　　　　　　　　　　　　　　　　　　　　　　　　　　　　　104～109

　食事中立ち歩いてしまうのには、偏食や姿勢保持の苦手さなどから食事自体が嫌になっている場合のほか、平衡感覚系の低反応によって動き回っていることも考えられます。
　また、食べ物をこねくり回す場合、触覚の鈍麻による自己刺激行動ということも。

～その他の視点～

・かみ合わせや、もともとの食の細さなどによって食が進まないということもあります。
・落ち着きがないのは、ADHDなどによる不注意・衝動性が関わっていることも。

# ❹ 生活　睡眠・排せつに問題がある

睡眠リズムが整わない。

（養育的な問題がなくても）なかなかおむつが外れない。
もらしても知らせない。

園のトイレを嫌がって入らない。

便座に座るのを嫌がる。

実はこんな状態像ともつながりが…
- 登園しぶりが見られる。
- 生活リズムが乱れている（遅寝遅起き）。

3章 | 園生活での気になる姿　その読み取り

❹ 睡眠・排せつに問題がある

## それはなぜ？
～感覚統合の視点～

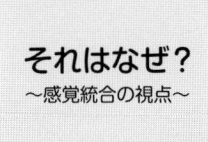

効果的なアプローチは…

### おむつが外れない ▶ 触覚防衛反応＆触覚の鈍麻　　　　▶P.96～99

　おむつが外れない原因として、触覚防衛が引き金になっていると同時に触覚の鈍麻も併発していることもあります。おむつやパンツがぬれても皮膚感覚が鈍く気づかないということです。また、触覚防衛反応から便座に座るときのひざの裏の感触が嫌で、おむつやパンツを下ろしたがらないことから、おむつに出すことが習慣になっている場合もあります。

### トイレ（便器）をうまく使えない ▶ 重力不安、姿勢不安　　▶P.105～109
　　　　　　　　　　　　　　　　　　　　　　　　　　　　　　　　113～118

　排尿便が便器からはみ出したり服を汚したり、トイレがうまく使えないという場合、ボディ・イメージの未発達や平衡感覚系のつまずきから重力不安や姿勢不安があり、排尿姿勢がうまくとれないということが考えられます。大人用の洋式便座は足がブラブラするため、姿勢不安から怖がるということもあります。

### トイレを嫌がる ▶ 触覚防衛反応　　　　　　　　　　　　▶P.96
　　　　　　　　　　　　　　　　　　　　　　　　　　　　　98～99

　家庭では大丈夫なのに園や公共のトイレは嫌がって入らないという場合、便座の感触への拒否のほか、暗くて怖い、においがダメということが考えられます。また、使い「慣れた」家の便座は、なんとか触覚防衛が出ない程度まで軽減しているだけの場合、「不慣れ」な場所だから嫌がるということもあります。

～その他の視点～

・生活リズムの未発達があると、睡眠－覚醒のリズムが一定にならず、加えて食生活のリズムが整わない子どもの場合、排せつリズムが不規則のままになり、そこからおむつがとれないということにつながっていきます。
・排せつの自立に関しては、皮膚感覚以外に、膀胱や直腸の感覚など内臓機能との関連が大きいものです（詳細はP.80）。
・運動の発達に軽いつまずきがあると、しゃがむ肢位が保持できず、和式便器がうまく使えないこともあります。

# ⑤ あそび 集団活動でのつまずきがある

> 1. おとなしいタイプ

ほかの子の動きについていけない。
散歩はいつも遅れ気味。

一人であそんでいることが多い。
みんなの輪の中に入らない。

あそびのルールを守れない。
ルールがわからない。

かくれんぼが苦手。

すぐに部屋から出て行ってしまう。

リレー、大縄跳び、サッカーなど集団で楽しむ運動あそびを嫌がる。

> 実はこんな状態像ともつながりが…

- 手あそび、お遊戯が苦手。
- 保育者の指示が理解できない。
- 乳児期からの基本的な運動発達においてつまずきがあった。

3章　園生活での気になる姿　その読み取り

❺ 集団活動でのつまずきがある

2. やんちゃタイプ

仲間に入らず、落ち着きなく動き回っている。

気が散りやすく、あそびが長続きしない。

友達がそばに来ると嫌がり、かんだり、ひっかいたりする。

仲間のあそびに割って入り、妨害する。

力の加減がわからず、乱暴な行動が目立つ。

一番でないと気がすまない。
思い通りにいかないと、かんしゃくを起こす。

## それはなぜ？
～感覚統合の視点～

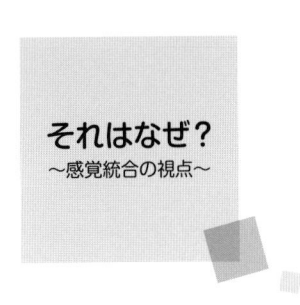

### おとなしいタイプとやんちゃタイプ

集団活動においてつまずく子どもの場合、大きく2つのタイプがあります。

1つは、おとなしく、周囲に危害を加えることはないけれど集団の中に入っていかないというタイプ。もう1つは、やんちゃで集団活動において、さまざまなことを「しでかしてしまう」というタイプです。

いずれも、感覚統合の視点で見ると、触覚防衛反応とボディ・イメージの未発達が関わっているのですが、タイプによってその状態像は変わってきます。

感覚統合のつまずきによって現れる状態像

| 感覚統合<br>のつまずき＼本来的な<br>キャラクター | 1. おとなしいタイプ | | 2. やんちゃタイプ | |
|---|---|---|---|---|
| 触覚防衛反応 | 一人あそび<br>輪の中に入らない | ～できない<br>（非社会性と<br>なって現れ<br>やすい） | かみつく、ひっかく | ～しでかす<br>（反社会性と<br>なって現れ<br>やすい） |
| ボディ・イメージの<br>未発達 | 避ける<br>フェードアウトする | | おちゃらける、ふざける<br>場をかき乱す | |

効果的なアプローチは…

**活動に参加しない ▶ ボディ・イメージの未発達とそれによる苦手意識** ▶P.112〜118
121〜123

ボディ・イメージの未発達が背景にある場合、おとなしいタイプの子どもは、活動自体を避け、誘っても輪の中に入らずに一人で違うあそびをしていることが多くなります。一方やんちゃタイプは、おちゃらけたりふざけたり、場をかき乱す行動を示します。姿は違いますが、いずれも運動あそびなど、その場の活動への苦手意識からきています。

なお、ボディ・イメージの未発達といっても、どの部分に関わるかによって違ってきます。例えば、かくれんぼが苦手な場合、自分の体の輪郭やサイズがわかりづらいという触覚系との関わりが大きく、縄跳びなどは平衡感覚系の影響が大です。また、走るのが遅いという場合は、姿勢保持がうまくいかない平衡感覚系、体の動かし具合がわかりづらいという固有覚系などさまざまな要素が関わります。

**3章** 園生活での気になる姿　その読み取り

❺ 集団活動でのつまずきがある

**友達をかむ、ひっかく ▶ 触覚防衛反応** ▶ P.96〜102

　やんちゃタイプが示す、かんだりひっかいたりは、触覚防衛反応の一つと考えられます。原始系の働きの一つとして、そばに来た人への攻撃行動となって現れていることが考えられます。

**力の加減がわからず乱暴 ▶ ボディ・イメージの未発達（固有覚系の低反応）** ▶ P.113〜118 121〜123

　乱暴な行動の中でも力の加減がわからずに……となると、総合的に見てボディ・イメージの未発達というとらえ方ができ、その中でも固有覚系に関する反応性の低さが考えられます。

〜その他の視点〜

その他の視点でも、前述の2タイプに分けて考えることができます。

**1. おとなしいタイプ**

●輪の中に入らない ▶ 共感性・対人意識が希薄、覚醒レベルの低下
　集団に入らずいつも一人というのは、共感性や対人関係の希薄さがあることが考えられます。また、反応が鈍くほかの子の動きについていけないという場合、覚醒レベルの低下も考えられます。

●ルールがわからない ▶ 知的発達の遅れ
　知的発達の遅れや身体機能の障害から、ルールがわからない、仲間の動きについていけないということもあります。

**2. やんちゃタイプ**

●落ち着きなく動き回る ▶ 集中力の乏しさ（ADHD傾向）
　集中力の乏しさから落ち着きなく動き回る場合、背景にADHDがあることも。

●ルールを守れない、かんしゃくを起こす ▶ コミュニケーションスキルのつまずき
　その場の空気が読めないことから「暗黙の了解」や「とりあえずのルール」がわからなかったり、マイルールを作ってしまったりして、集団あそびを楽しめないことがあります。コミュニケーションスキルにつまずきがあり、アスペルガー症候群など自閉症スペクトラムがある場合も考えられます。

# ⑥ あそび 固定遊具・運動用具を使ったあそびが苦手

ジャングルジムをくぐるときに、頭や体をぶつける。

ブランコやすべり台を怖がってやろうとしない。

マット運動、跳び箱が苦手。

ボールあそびが苦手。

縄跳びが苦手。
大縄跳びで入るタイミングがつかめない。

### 実はこんな状態像ともつながりが…

- 遊具と遊具の合間を縫って走り回ったりうろうろしたりするだけ。
- お遊戯や組体操が苦手。
- プールで体が浮くことを怖がる。
- トランポリンや回転遊具が苦手。
- 姿勢が崩れやすい。

**3章** 園生活での気になる姿 その読み取り

❻ 固定遊具・運動用具を使ったあそびが苦手

## それはなぜ？
~感覚統合の視点~

効果的なアプローチは…

**基本はボディ・イメージの未発達** ──────▶ P. 96~99
　　　　　　　　　　　　　　　　　　　　104~109
　左に挙げた状態像にはいずれもボディ・イメージの未発達があり（手や腕の触覚系　112~118
の関わりも含む）、さらに詳しく見ると、以下のような読み取りができます。　　　121~122

**ジャングルジム、縄跳び、マット運動 ▶ ＋平衡感覚系のつまずき** ─▶ P.104~109

　ジャングルジムなどをくぐるときに体をぶつけるのは、自分の体の輪郭イメージやサイズがわかっていないことが考えられます。それに加えて、縄跳びでタイミングをつかめないのは平衡感覚系のつまずきが考えられます。姿勢の調節がうまくいかず、重心移動のリズムやタイミングがつかめないのです。また、ボディ・イメージは動作イメージの源でもあるため、マット運動や跳び箱では、動作手順がつかみづらくなります。

**ボールあそび ▶ ＋平衡感覚系のつまずきとそれに伴う眼球運動の未発達** ─▶ P.104~111

　ボールを投げる動作はタイミングに加えて力加減が関係し、主に固有覚系を中心としたボディ・イメージが必要です。また、ボールを受けるときは、タイミングに加えてボールを目で追う眼球運動が関連します。平衡感覚系の統合に問題があると眼球運動の未発達が生じ、加えて姿勢の保持もできないことから、球技が苦手になることがあります。

**ブランコやすべり台 ▶ ＋重力不安、姿勢不安** ─▶ P.105~109

　すべり台やブランコなどの揺れが苦手な場合は、平衡感覚系の低反応で姿勢保持が難しいことと、防衛反応により重力不安や姿勢不安が出ているという2つでほぼ説明がつきます。

## センサーの違いによって、OKとNGがある

　ブランコの前後方向の揺れは怖がるけれどトランポリンの上下方向はOK、ブランコとトランポリンは大丈夫だけれど回転遊具はだめなど、揺れの加速度方向によって大丈夫なものとだめなものがあるということも。これには次のように平衡感覚のセンサーがそれぞれ違うことが関係しています（詳細はP.31）。
1. 三半規管（回転加速度を受容）
2. 卵形のう（水平方向の直線加速度を受容）
3. 球形のう（垂直方向の直線加速度を受容）

## 7 あそび お遊戯・リズム運動が苦手

動作のまねっこが苦手。

リズム運動、体操が苦手でやろうとしない。

両足ジャンプ、スキップができない。

友達と手をつないだり、つながったりすることを嫌がる。

実はこんな状態像ともつながりが…

- 固定遊具を使ったあそびが苦手。
- ぶつけやすい、つまずきやすい。
- 新しい服だと、着替えでつまずく。
- えり首のタグを嫌がる。

3章 園生活での気になる姿　その読み取り

❼ お遊戯・リズム運動が苦手

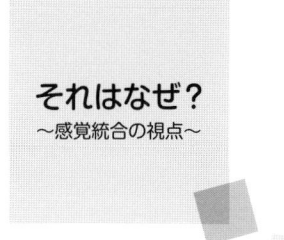

## それはなぜ？
～感覚統合の視点～

効果的なアプローチは…

**まねっこ、体操が苦手 ▶ ボディ・イメージの未発達** ━━━▶ P.104～109 112～115 118、121

　ボディ・イメージをベースに、脳は「動作イメージ」を作り出しますが、これがまねっこの源になります。動きをまねるのが難しいのは、動作イメージがつかめないということ。自分の体をどう動かしたら、自分が見ている動き（視覚情報）を作り出せるのかがわからないのです。さらに細かくいうと、リズム運動はリズムやタイミング合わせが難しく、体操は動かす範囲、部位、スピード、力加減も関係するため平衡感覚系とのつながりもあります。そして手あそびとなると、動かす手順がわからないということが大きく関わります。

**動作のパターン化でこなしている場合も**

　一部、動きを暗記することで、じょうずにできているように見える子もいますが、それはボディ・イメージ作りとは違います。ごっこあそびに関しても、嫌がってやらないことのほか、いつも同じあそびで、広がりが乏しいということがあります。これも動きのパターン化です。手足の動作が一見器用にできているところだけをとらえて早合点しないようにしてください。

**友達とのお遊戯を嫌がる ▶ 触覚・聴覚防衛反応** ━━━▶ P.96～102

　お遊戯やダンスでは、友達と手をつないだり腰に手を回してつながったりと、スキンシップが多くなります。しかし触覚防衛反応があると、それがとても苦痛です。また聴覚防衛反応が出ていると、お遊戯でかける曲の音が耳触りだったり、ホールなどで行っている場合、反響する音や声、ざわめきなどが生理的に嫌だということもあります。

**～その他の視点～**

・対人への興味や想像性の乏しさなど、認知面でのコミュニケーション能力の課題があることも考えられます。

# ❽ あそび 造形活動が苦手

クレヨンや絵の具が手につくのを嫌がる。

粘土やのりの感触をひどく嫌がる。

色塗りで、はみ出す。

お絵かきでは、紙の隅っこに小さくしかかかない。

はさみやテープを使ったり、折り紙をしたり、細かい作業が苦手。

> 実はこんな状態像ともつながりが…
> - お手玉、おはじきなど手先を使うあそびが苦手。
> - 砂、泥んこあそびを嫌がる。
> - 間違い探しが苦手。
> - よく迷子になる。
> - パズル、かるたが苦手。

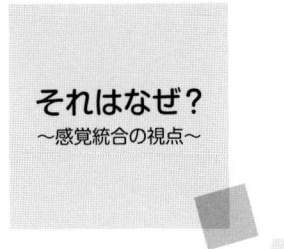

3章 | 園生活での気になる姿 その読み取り

❽ 造形活動が苦手

## それはなぜ？
～感覚統合の視点～

効果的なアプローチは…

▎**絵をかくのが苦手 ▶ ボディ・イメージの未発達＆眼球運動の未発達** ▶P.104～119

　絵をかくうえで必要な機能にはさまざまなものがありますが、ここでは次の3つを挙げてみました。
1. 空間認知（上下・左右・前後の認知、図と地の弁別）
2. 眼球運動（見渡す）
3. 構成機能（組み立てる）

　自分の体の上下左右の実感はボディ・イメージですが、それが絵をかく際の上下左右につながるのです。また、対象物を見てかく写生では、空間認知に加えて眼球運動も関係し、紙の隅にしかかかないという場合は、眼球運動が未発達であるために、紙全体を見渡すのが難しいということが考えられます。さらに、絵をかくうえで大切な構図を組み立てる力にも、ボディ・イメージが大きく関与するのです。

▎**細かい作業が苦手 ▶ ボディ・イメージの未発達** ▶P.115～116
　　　　　　　　　　　　　　　　　　　　　　　　　　118～123

　はさみやテープ、折り紙などの細かい作業や色塗りでの困難は、手先の不器用さが関連しています。ボディ・イメージも含め、これらの機能の未発達が苦手意識につながると、造形活動自体を避けるようになってしまいます。個々の苦手さの原因を見極めて、適切なアプローチを行っていくことが大切です。

▎**ベットリした感触が苦手 ▶ 触覚防衛反応** ▶P.96～102

　粘土やのりを使ったあそびを嫌がる場合は、その感触への拒否、触覚防衛反応があることが考えられます。

　～その他の視点～
・遠視・乱視という視覚機能の問題や、ADHDなどによる不注意・衝動性が関わっていることもあります。
・つながりのある状態像として出したかるた取りの場合、読まれた文章が頭に残らないというワーキングメモリの問題も考えられます。

# ❾ あそび 行事に参加できない

きちんと並んで立っていられない。
じっと座っていられない。

ざわざわとした広いホールや人ごみの中が苦手。

行事の際、太鼓やシンバル、ピストルなどの音がすると、耳をふさいでその場からいなくなってしまう。

実はこんな状態像ともつながりが…

- ●足音だけでだれが来たかわかる。
- ●小さい子の泣き声や甲高い声が苦手で、異年齢交流ができない。
- ●よく迷子になる。
- ●運動に苦手意識があり、避けたり、笑ってごまかしたりする。

3章　園生活での気になる姿　その読み取り

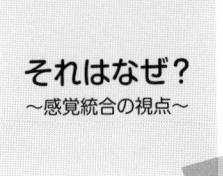

❾ 行事に参加できない

## それはなぜ？
～感覚統合の視点～

### 何気ない音や騒々しい場を嫌がる ▶ 聴覚防衛反応

効果的なアプローチは… ▶P.103

　行事を嫌がる理由の一つに聴覚防衛反応が考えられます。わたしたちがふだん何気なく耳にしている音に対して拒否が現れるのですが、防衛反応が出やすい音として、
①**破裂音・爆発音**(スターターのピストル音、ドアの閉まる音、風船の割れる音　など)
②**高周波音・棘波音**(バスの自動ドアのコンプレッサーの音、笛吹きケトルの音　など)
③**機械音**(掃除機の音、エンジン音、エアタオルの音　など)
④**ざわめきや反響音**
があります（詳細はP.29）。運動会や発表会などは、それらの音に触れやすい行事で、外に出るといろいろな音を拾ってしまうため園外保育は苦痛ばかり、というケースもあります。
　聴覚防衛反応は、苦手な音がする場所や行事を避けるという行動につながり、子どもの活動を制限することにもなってしまいます。改善のためのアプローチや避けるための対処が必要になります。

### じっとしていられない要因はさまざま

　じっと静かにしていなければいけない場面でそれができない場合、平衡感覚系の低反応により姿勢の保持が苦手になっていること、それに伴う自己刺激行動としての多動性が考えられます。また、触覚防衛反応が引き金となって友達との接触を嫌がったり集団から外れたりということもあります。そのほか、広い場所や、初めての場所では、いろいろな物や音など多くの情報の取捨選択（図と地の弁別）がうまくいかず、落ち着きなく動き回ったり、不安でパニックになったりすることもあります。

～その他の視点～
・行事で行う運動やダンス、合奏などへの苦手意識から、避けたりふざけたりということも。この場合、得意なものだけの部分的な参加を考えていく必要もあるでしょう。

# ⓾ そのほか気になる行動がある

爪かみ、指しゃぶりが多い。

鉛筆やひもなどをかじったりしゃぶったりする。

つま先立ち歩きや、跳びはねる、くるくる回る、を繰り返す。

腹ばいで、ミニカーを目の前で走らせる。

常に体のどこかが動いていて、絶えずそわそわした様子。

自傷行動が見られる。

実はこんな状態像ともつながりが…
- 痛みや寒さを感じにくい。
- 本のページを、ぱらぱらめくり続ける。
- 目の周りで手かざしをしたり、ひもを振ったりする。

3章 園生活での気になる姿　その読み取り

⓾ そのほか気になる行動がある

## それはなぜ？
～感覚統合の視点～

効果的なアプローチは…

( 爪かみ、指しゃぶり、自傷行動 ▶ 触覚の鈍麻と防衛反応 ) ▶P.96～102

　爪かみや指しゃぶりは、口や指の触覚鈍麻があるために、足りない刺激を自分の体に入れているという自己刺激行動と考えられます。また、それが自傷行動となっていることもあります。さらに、痛みを伴う行動の学習がされず、「痛いから気をつけよう」といった慎重さがなくなり、行動が乱暴になることもあります。

　そのほか、触覚防衛反応を作り出している原始系の「取り込み行動」として、鉛筆やひもなど物を口の中に入れ、かじったりしゃぶったりという行動が現れているケースも考えられます。なお、触覚の鈍麻と防衛反応（＝過敏さ）は、一人の子どもに混在しやすいものです。

( つま先立ち、くるくる回る ▶ 平衡感覚系の低反応に伴う自己刺激行動 ) ▶P.104～109

　つま先立ち歩き、跳びはね、くるくる回りに関しては、背景に平衡感覚系の低反応があり、それに伴う自己刺激行動と考えられます。

( ミニカーを目の前で走らせる ▶ 平衡感覚系の低反応に伴う周辺視あそび ) ▶P.104～111

　ミニカーを目の前で繰り返し走らせたり、本をぱらぱらめくったり、というのも、大もとには平衡感覚系の低反応があります。それによって眼球運動が未発達になり、結果的に中心視が未発達になり、周辺視に偏っていることが考えられます。

　絶えずそわそわという姿も自己刺激行動ととらえると、平衡感覚系の低反応という状態像が浮かび上がってきます。

( ～その他の視点～ )

・指しゃぶりや爪かみ、自傷行動は、大人の不適切な関わり方からくるストレスなど、心因性のケースも多いものです。また、これらの行動を無理にやめさせようとすることがさらにストレスとなり、自己刺激行動を強めてしまうことがあるので要注意です。
・手かざしやひも振りは周辺視という症状で、自閉性障害のある子どもには頻発する症状です。

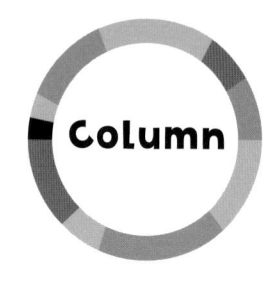

## Column 乳児期からの基本的な発達とそのつまずき

乳児の場合、気になる様子が見られてもアプローチを検討するのは少し後になってから、ということがほとんど。しかし、0〜2歳児の担任からはよく「気になる子がいる。今のうちに何かできないか？」という声が上がります。そこで、乳児期からの発達過程における気になる姿について、感覚統合と関わりの深い部分をピックアップして解説します。

### 歩行確立までの発達

乳児期の運動発達の過程を確認しながら、各段階における「気になる姿」を見てみましょう。

**3か月頃**

**正中線指向**
自分の体を真ん中（正中位）に保てるようになる。→立て抱きでの姿勢保持や首のすわりにつながる。

**両肘支持姿勢**
ひじで体を支え、頭を床から離すことができる。

**6か月頃**

**ボトムリフティング姿勢**
足、おしり、腰が持ち上がり、自分の足を見ながら手で確かめる。→重心が高くなり、転がりやすくなる。

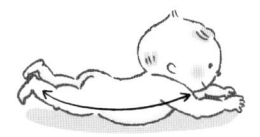

**エアプレーン姿勢**
おなかを支えにして、全身をしっかりと伸ばして床からもち上げる。

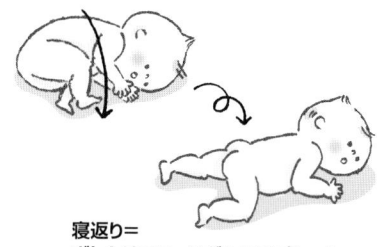

**寝返り＝ボトムリフティング＋エアプレーン**
ボトムリフティング姿勢で横に転がり、そこからエアプレーン姿勢で体を伸ばすことで、寝返りができる。

**気になる姿**

**寝返りでの反り返り**
寝返るときに体を丸めず、えび反りのような姿勢で寝返りをうつ。

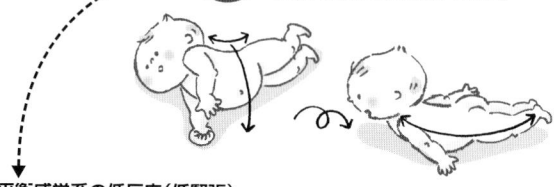

**それはなぜ？**

**平衡感覚系の低反応（低緊張）**
低緊張の場合、屈曲姿勢をとるのが難しく、体が反り返ったまま転がることがあります。結果的にボディ・イメージの未発達にもつながります。
こうした姿勢の崩れやすい子どもは時に、首がすわる前に寝返りをしてしまうことがありますが、いずれも脳の機能の未熟さから生じるものです。

| 気になる姿 | はいはいをしない |
|---|---|
| | はいはいをせず、お座りのまま移動する。 |
| それはなぜ？ | 平衡感覚系の低反応＆ボディ・イメージの未発達 |
| | 上肢・肩甲帯の支持性の未発達や重力不安、姿勢不安があると、腹ばいや四つんばいを嫌がり、お座りのままの移動や、はいはいの時期を経ずに立って歩くといったことがあります。
なお、手足・体の前面により強く触覚防衛反応が出ている場合もあります。 |

| 気になる姿 | つま先立ちで歩く |
|---|---|
| | 歩行は早かったが、つま先で歩く。 |
| それはなぜ？ | 平衡感覚系の低反応 |
| | 平衡感覚系の低反応に伴う自己刺激行動が考えられます。より重心位置を高くして、不安定さを作り出しているというとらえ方です。 |

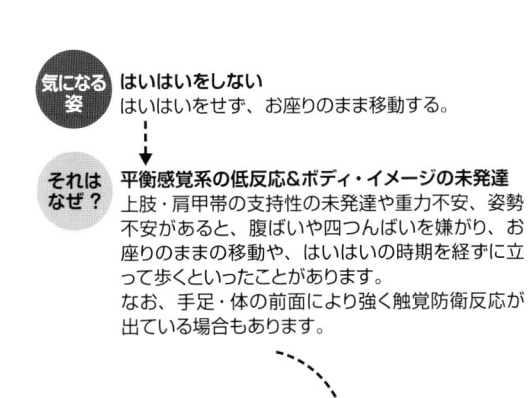

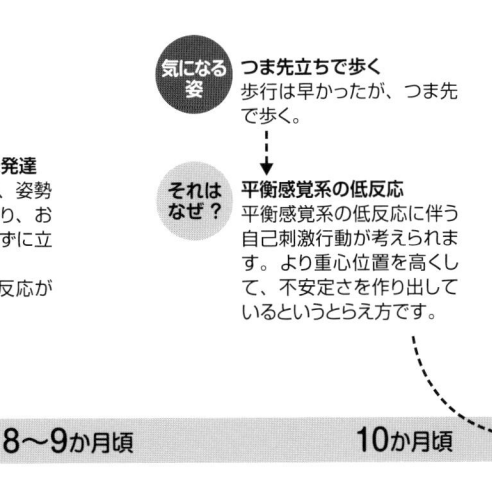

**7か月頃 → 8〜9か月頃 → 10か月頃**

**お座りの始まり**
伸ばしたてのひらで床を押して体を起こし、もう一方の腕を伸ばし上体を伸ばす。体の軸が安定してくると、上体をバランスよく保つことができ、安定したお座りの姿勢になる。

**ずりばいを始める**
片ひじで支え、反対の手を伸ばす。→伸ばした側に重心を移し、反対のひざを前に出す。

**四つんばいからはいはいへ**
両手、ひざで体を支え腰が持ち上がる→四つんばいでの重心移動に。

**つかまり立ちから伝い歩きへ**
台に手をかけて体を起こし、片方のひざ→反対の足の裏→もう片方の足の裏というように重心移動することで立ち上がる。さらに手足の横の重心移動によって伝い歩きに。

## Point

### ポイントは、「抗重力伸展」と「抗重力屈曲」の姿勢

　寝返りから歩行まで運動機能の発達において要となるのが、抗重力伸展および屈曲の活動です。前者は、重力に抗って体幹を伸展させる働きで、例えば四つんばいでは、両手とひざで床を押し、腰は床から持ち上げ背中は伸ばすというように、末梢部（主に手や足）を支持面に押し付ける機能と、中枢部（主に体軸や頭部）を支持面から引き離す機能の2つが必要になります。そして、足の裏だけで全身を支えて立ち歩くことができるというように、発達とともに支持面がより少なくても姿勢を保持できるようになります。
　後者の抗重力屈曲活動は、ボトムリフティングなど重力に抗って体を丸める姿勢で、ここがうまくいかないと、反り返りの寝返りになったり、しがみつき姿勢がとれないため、抱っこやおんぶでしっかりとしがみつけないといった姿として現れます。

## 乳児期からの基本的な発達とそのつまずき

### ■ 排せつの自立過程

排せつの自立において触覚との関係はP.63で述べましたが、それ以外に内臓機能が大きく関わっています。尿意が感じられるかどうかが排せつの自立の目安となりますが、この尿意は「おしっこがたまった」という膀胱（ぼうこう）の感覚です。この機能が未熟だと、なかなか自立は進みにくいのです。

※尿意は膀胱ですが、便意は直腸の感覚です。

膀胱にためられる量は発達するもので、6～7割ためられるようになると排尿間隔が90～120分に延びてきます。そうなったときがおむつ外しのタイミング。発達には個人差がありますが、おおむね2歳前後には、尿意を自覚できるようになってきます。なかなか自立が進まないという場合は、その子の排せつリズムを把握しタイミングよくトイレに誘うように支援していきましょう。

**1** 排尿間隔をつかむ…おむつがぬれた時刻を記録して把握する。なかなか間隔があかない場合は、決まった時間に寝て起きるという生活リズムを作ることから始める。

**2** 「排尿間隔が90～120分」「排尿リズムが一定」という2つの条件が整ったら、「何時何分」にトイレに行くとよいかが予測できるので、その時刻にトイレに誘う。

**3** トイレで排せつできたら、思い切りほめる。

**4** 2、3 を繰り返すうちに、「おしっこしたいサイン」（もじもじする、またをさわる、「ちー」と言う　など）を出すようになるので、それを見逃さず、「自分から知らせておしっこができた」ら、そのことを大いにほめる。

なお、大人が勝手に決めた時刻での排せつに合わせる力があるなら、それは排せつの「自立」ができている子どもです。なかなか自分から行かないからと、トイレに行くことを強要したりおもらしを叱責したりすると、かえって排せつの自立から遠ざかってしまうと心得てください。

# 4章 実践

## よき実践者となるために

感覚統合の基本的知識を得たうえで、いざ実践……。
その前に、自分自身の保育者・実践者としての資質、
子どもを読み取る力を確認しておきましょう。

# 専門性・プロの力量を高めるために

## 実践者としての資質とは？

　ここまで、感覚統合的アプローチをテーマに、その基本的知識と読み取りの視点を示してきました。そこでこの章では、実際のアプローチに入る前に確認しておきたい事柄についてお話しておきましょう。

　これはわたし自身にも常に言い聞かせていることですが、子どもと関わる実践者には、次の6つが必要であると考えます。

1. この仕事に対する「夢・希望」
2. この仕事に対する「情熱」「熱意」「意欲」
3. この仕事に対する「使命感」「役割意識」
4. 自己認知…自分の性格や行動特性などについての一定の認識
5. 自己有能感…その職に就いている自分に対する一定の有能感
6. 専門性・プロの力量…レベルアップのための「努力」は義務

　どうでしょうか。1～3については、社会人としてもっていて当たり前な事柄です。そして、子どもと関わるプロとして保育者・教師という職業を選び、その職に就いているからには、4、5についてもある程度もっていることが基本だと考えます。

　つまり、保育者として1～5は土台です。この土台の上に、プロの力量（その職種ならではの専門性）が加わることで、よき実践者となっていくのです。

　例えば、近所にとても親切で面倒見のいいおじさんがいたとします。子どものあそび相手にもなってくれます。その方のお仕事は小学校の教師。でも、授業の進め方や教え方は今一つ……といううわさです。

こうなると、ご近所さんとしてのお付き合いは大歓迎ですが、わが子が就学した後、クラス担任になったと考えると……。やはり心もとないですよね。
　「いい人」「親切な人」だけでOKといかないのは、保育者も同じです。保育士や教師など専門職に就いている方には、常にその職の専門性を認識し、レベルアップへの努力を続けることは義務であると心得てほしいのです。

## 子どもの内面世界とは

　レベルアップのための努力……何をしたらよいのでしょう。保育者として、さまざまな知識や技術は必要でしょう。しかしそれ以前に大切なのは、子どもを知ろう、理解しようという努力です。
　「子どもを理解する」といっても、言動など「現象面」からだけでは、その子どもの本質には迫れません。外からは見えない「内面世界」を知る必要があるのです。
　実はこの「内面世界」、気になる子どもや発達につまずきがある子どもほど、読み取るのは難しくなります。というのも、内面世界は現象面のはるか奥底に隠れているため、子どもを読み取ろうとしたとき、気になる言動や発達のゆがみ、障害の特性およびそれらが要因となって蓄積された「未学習」や「誤学習」などが障壁となり、表面上目にすることができる状態像は、その子のもつ世界のほんの一部となってしまうのです。そして、その表面的な現象のみで判断すると、読み取りに誤解が生じてしまい、適切な関わりも難しくなってしまいます。

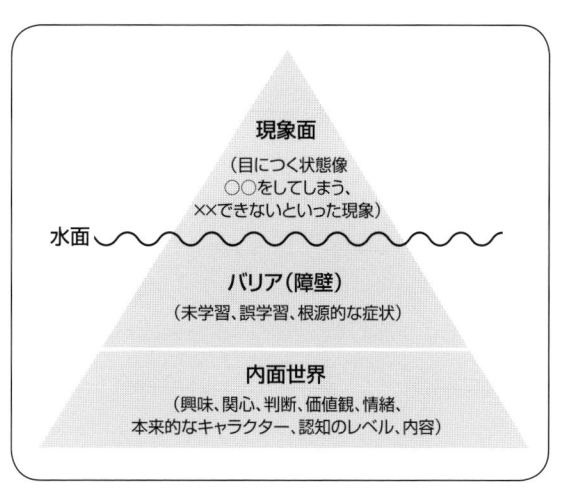

　　　　　　　　　　　　現象面
　　　　　　　　　（目につく状態像
　　　　　　　　　○○をしてしまう、
　　　　　　　　××できないといった現象）
　水面　～～～～～～～～～～～～～～～
　　　　　　　　　　バリア（障壁）
　　　　　　　（未学習、誤学習、根源的な症状）

　　　　　　　　　　　内面世界
　　　　　　（興味、関心、判断、価値観、情緒、
　　　　　本来的なキャラクター、認知のレベル、内容）

氷山に例えると、子どもの内面世界は……

## 非言語サインを読み取る力

子どもの内面世界を読み取るには、「非言語サインを読み取る力」が大切です。

皆さんは子どもの、

① **視線**
② **表情**
③ **しぐさ、動作、行動**
④ **声**
⑤ **姿勢（体の軸の傾き）**

など、話し言葉以外から、どれだけ読み取ることができるでしょうか。

例えば、イラストのような体勢でパズルをやっている子どもを見て、A先生は、「やる気のなさがありありと出ている」と答えました。理由を聞くと、「机に突っ伏しているから」。しかしB先生は、「やる気がないわけではなく、もともと姿勢が崩れやすい子どもなのではないだろうか」と言いました。

どちらも、主に「姿勢の崩れ」に注目しているのですが、B先生の場合、姿勢以外の子どもの視線や表情などから、けっしてその子が嫌がっているわけではないという内面を読み取ったのです。

こうした読み取りの力は、いわゆる「個人の勘」であることも多いものです。「勘」を働かせることができる人は、きめ細かく読み取り、適切に対応できるため、よい保育者だといえますが、一方で、その人だけの優れた能力、スキルで終わってしまう可能性もあります。

では、どうしたらよいのでしょう……？　詳しくは次ページ以降で述べていきますが、大切なのは「言葉に表す」実践です。そのためにも、「勘」ではなく、何を読み取ったかというポイントを言い表す「言葉」を押さえておくことが重要なのです。

## 個人の職人芸で終わらせないために

優れたスキルは、時に「職人芸」とネーミングされます。さらに磨きがかかれば「匠の技」といわれますね。その行き着くところは「人間国宝」でしょう。保育者の人間国宝がいてもかまわないのですが、それはその人の内に成り立つもので、保育者全体がレベルアップすることとは別の次元です。保育者全体のスキルが上がるためにも、一人ひとりの実践を語る「言葉」が必要なのです。実践をとおして考えてみましょう。

### CASE 注意散漫なマキちゃんへの対応

新任のA先生が担任する5歳児クラスに、注意散漫で集中できないマキちゃんがいます。読み聞かせの場面でA先生が絵本を読み始めると、すぐに保育室から出て行ってしまい、困っていました。
ところがある日、主任のB先生がそのクラスに入って話をしたところ、マキちゃんは最後まで保育室から出ずに聞いていました。
そこでA先生が、「どうしてB先生が話すと聞いていられるのでしょうか」と尋ねたところ、B先生は、自分が子どもたちの前で話をする際に気をつけていることや、特にマキちゃんの何をどうやって読み取っているかを視線、表情、しぐさ、姿勢といったキーワードをもとに説明しました。

＜B先生のコメント＞
- マキちゃんは、離席する少し前に、足をもぞもぞ"動かし"、椅子からおしりがずれ、"姿勢"が崩れ始める。ここで要注意。
- 離席する直前、廊下をちらちら"見る"。そうなったら数秒後には席を立っている。

翌日、A先生は、主任のB先生から教わった「読み取りポイント」に注意しながら絵本の読み聞かせを始めたところ、マキちゃんの"姿勢"が崩れ、注意がそれていく様子がよくわかりました。そこで、そのときに見せていた絵本を、マキちゃんの顔に近づけてみました。するとマキちゃんの"視線"がぱっと絵本に戻ったのです。

しかし、数分後にはまた"視線"がそれ始め、その頻度が増してきました。そこで今度はマキちゃんに前に出てきてもらい、絵本のページをめくる役をお願いしました。するとまたここ

で注意が引き付けられ、その日初めて、読み聞かせが終わるまで保育室を出ずに聞くことができたそうです。

　これはA先生の「読み聞かせの力」が上がったのではなく、B先生が語ってくれたキーワードによって「子どもを読み取る力」がついたということです。一個人の職人芸も、言語化して周りに伝えることで、全体のスキルアップにつながるのです。

## 「知識」が実践の裏づけに

　専門職として実践力を高めていくためには、子どもの状態を読み取る力に加えて、その分野の「知識」が重要であることはいうまでもありません。

　例えば、ある子どもは、C先生が抱っこしようとすると体をよじらせてひどく嫌がるのに、D先生だと嫌がらない。これは、その子がC先生を嫌っているのではなく、2人の抱き方の違いが原因でした。

　C先生は、その子が落ちないよう、指先にぐっと力を入れて抱いていましたが、D先生は手のひら全体を使って抱っこしていたのです。

　ここに、感覚統合の「知識」をもってくると、C先生の抱き方はピンポイント刺激となるため、触覚防衛反応が出てしまうが、D先生の抱き方は均等な圧力で広い面積への刺激となるので、識別系が働きやすくなる、と説明することができます。そして、触覚防衛反応に対するアプローチとして、タッチングを取り入れていこう……というような実践プログラムも見えてきます。

　このように、子どもの行動の「なぜ」を理解していくときに、「知識」が裏づけとなり、実践がさらに意味あるものとなっていくのです。

抱っこのしかたの違いで触覚防衛反応が出ることも

# 子どもアセスメントの進め方

## 子どもを読み取る５つのポイント

　では実際に、子どものアセスメントはどのように進めればよいのでしょうか。わたしが園や学校から子どもを見てほしいと依頼されたときは、まず、その子どもの日常的エピソードの聞き取りを行います。そしてその際、主に次の５つを確認するようにしています。

### 1. 成育歴を把握

　皆さんは担当している子どもの成育歴に目を向けたことがあるでしょうか。気になる行動を示す子どもの場合、胎児期になんらかのトラブルがあった可能性もあります。あるいは、満期産で正常分娩と記されていても、頭囲が小さめということがあり、これは、おなかの中で「脳が十分に発育できなかった」ことを示すデータになることもあります。

　さらにその後の発育過程では、首のすわりが３～４か月と標準値を示していても、寝返りをし始めたのも４か月頃だという場合があります。多くは反り返りの寝返りをしてしまう赤ちゃんなのですが、これは「未熟な脳機能」の現れであることがうかがえます（P.78参照）。

　お座りが何か月頃で、指さしは？　人見知りは？　歩き始めは？　そして始語はいつ？　といった発育歴を把握していくことを心がけてください。

### 2. 気になっている行動、状態を明確に

　クラス担任など周囲の大人が、その子どもに対していちばん気になり、問題ととらえている行動や状態は何か。また、それに対して指導者や保護者がどう対応したかということも重要な情報です。

## 3. 4つの軸で実態把握

①時間軸…気になる状態・行動は「いつ頃」から目立ってきましたか？
②空間軸…気になる状態・行動は「どこ」で多く見られますか？（園で？　家庭で？）
③対人関係軸…気になる状態・行動は「だれ」の前で多く見られますか？
　　　　　　　対応する相手によって違いはありませんか？
④状況軸…気になる状態・行動は「どんな状況」で多くなりますか？
　　　　　（イレギュラーなスケジュールが入ることで問題は増えるか、など）

　大切なのは「今」「ここで」見られる、気になることだけではなく、今に至る時間の流れの中、園以外の場面や自分以外の人との関わりの中ではどうなのか、といった視点をもつことです。そこから「この子」の新しい面が見えてきます。その際、家庭での様子を聞いておくのも大切なことです。

## 4. 知的発達レベルの推定

　検査上の数値も大切な情報ですが、日常的なエピソードから、「○歳くらいの知的発達」といった推測は可能でしょう。

　例えば、動物キャラクターが登場するだけの絵本なら1歳後半から2歳代の知的好奇心で楽しめますが、登場キャラクターがいろいろなあそびをするといった「ストーリー性」のある絵本が楽しめるのは、3歳代の知的好奇心が必要です。「10数えたらおしまいね」がわかるのは、2歳半頃からですが、「あした○○しようね」といった明日のシナリオを思い浮かべながら今を生きるのは、4歳頃の知的レベルが必要でしょう。

　このくらいの知的レベルだからこういったアプローチが効果的、というようにアプローチ法を探るうえでも、日常生活やあそびの様子を観察しながら、知的レベルの把握ができる指導者でありたいものです。

## 5. 合併症などそのほかの障害・症状の把握

　気になる行動を示す子どもの中には、アスペルガー症候群や、注意欠如多動性障害（ADHD）といった診断名がすでについている場合がありますが、診断名がついていなくても、その「傾向」が強く生じていることは、多々あります。また、原因の一つに、ほかの疾病などの合併症

があるケースも考えられます。

　例えば診断名をつけるほどではないにしても、注意散漫さ（ADHD傾向）がある子どもで、それとは別に慢性副鼻腔炎が合併していると、注意散漫さが倍増することがあります。診断名に限らず、できるだけ多くの情報を把握しておくことが大切です。

## 日常的エピソードから読み取る

　ここまでのプロセスを、ケースを通して学んでみたいと思います。下記は、タカシ君の担任や保護者から集めた情報をもとにまとめた記録です。

---

●プロフィール（基本情報）
・年齢…5歳5か月
・診断名…なし（医療機関にはかかっていない）
　現在、保育園5歳児クラス在籍で、加配職員による補助がつく。

●気になっている行動、状態
① 落ち着きなく動き回る。
② 台の上から飛び降りてあそぶ。
③ 自分でくるくる回ってあそぶ。
④ 動き回る割には、椅子に座っているときは姿勢が崩れる。
⑤ 床に寝転がってあそんでいることも多い。
⑥ 友達が近くに来ると、急に突き飛ばすことがある。
⑦ 3歳頃には、隣の子の手が顔の近くにくると、かんでしまうことがあった。
⑧ 手つなぎや握手をしたがらない。
⑨ 散髪、歯磨き、爪切り、耳掃除が苦手。
⑩ 4歳児クラスになってから、帽子をかぶれるようになった。
⑪ 靴下は履きたがらない。
⑫ 袖口がぬれるとすぐに着替えたがる。
⑬ 4歳を過ぎた頃には、ひらがな・カタカナを読んでいた。
⑭ 絵はかきたがらず工作も苦手だが、「ツル」は上手に折る。

●エピソード
　毎朝登園すると、かばんは放りっぱなしでロッカーの上に登ってしまう。昨年度の担任は、タカシ君がその行動を始めると「乗っちゃダメ！」「早く降りなさい」と注意し、「今度乗ったら園庭であそぶことを禁止します」と言っていた。その結果、タカシ君の問題行動は、日増しに激しくなっていった。

### ■ 集まってきた情報の意味づけとして

タカシ君のあそびや生活場面の観察、聞き取りによって集めた情報やエピソードについて、「感覚統合」という見方を中心につなぎ合わせていくと、次のようなことが浮かび上がってきました。

→ ⑬から、「知的な遅れはなく、むしろ知能検査を受ければ、平均値よりも高い可能性がある」と推定できる。

→ ⑧⑨⑪⑫より、小さい頃から触覚防衛反応が中等度レベルで出ていたことがうかがえる。そのため親子における愛着の形成がうまくいかず、いまだに母親とのトラブルが多く、友達とも「共感的」にあそぶことが苦手になっている。また、触覚防衛反応の症状の一つである「闘争行動」にスイッチが入ることにより、近くにいる友達に対して「衝動的」に攻撃していたことが推察される。つまり、本児のキャラクターが乱暴であるため「荒れている」のではなく「触覚防衛反応」が作り出す行動のトラブルと考えられる。

→ ④⑤は、「平衡感覚系の低反応(感じ方の鈍さ)」を物語るものではないか？ そのため「姿勢の保持が苦手」でシャキッと座り続けることができず、寝転がってあそぶことが多くなっている。さらに「感じ方の鈍さ」から平衡感覚の刺激を求める脳が「自己刺激行動」を作り出し、それが①②③のくるくる回ったり、飛び跳ねたり、高い所に登って飛び降りたりする行動＝多動性を作り出していたと考えられる。

→ エピソードから、昨年度の担任は、タカシ君が行動を起こした後に注意するという「手遅れ対応」になっていたことがわかる。また、言葉かけには、禁止語・否定語(乗っちゃだめ)、命令語・強制語(早く降りなさい)が多く、さらに「○○したら○○禁止」といった「おどし語」も使っている。これらがタカシ君の問題行動を激しくした要因の一つと考えられる。

### ■ 見通しとして

まずは、脳の中での「平衡感覚系の回路」が活性化されることで、タカシ君の行動は、落ち着いてきて着席する時間が長くなっていくことが想定できます。

# 4章 よき実践者となるために

さらに、触覚のネットワークとして「識別系」の使い方を学んでいくことで「触覚防衛反応」が軽減していき、その結果として「衝動的な攻撃行動」が減少するだけでなく、友達と「共感的」に関われるようにもなるでしょう。

### ■ アプローチ

今年度、タカシ君の行動が「先読み」できるようになった担任のE先生は、まず保育室の片隅に室内用のトランポリンを置いておきました。そして、登園したタカシ君がロッカーに登る直前に「先取り」して、「タカシ君、ロッカーの上であそぶ？ トランポリンであそぶ？」と声をかけたのです。

トランポリンのほうが、たっぷり平衡感覚あそびができることがわかっているタカシ君は、楽しそうにジャンプし始めます。それを見たE先生、タカシ君の手を持って、さらに高く大きくジャンプするよう介助しました。

そんなあそびを5～10分ほどした後のタカシ君は、いつになく穏やかに過ごせるようになっています。おわかりになるでしょうか。これが「感覚統合アプローチ」に伴う効果です。「平衡感覚系」の回路にスイッチが入ることによって「自己刺激行動」にブレーキがかかり始めたのです。

さらにE先生は、そのタカシ君の変化を、帰りの会でクラスメイトと共有します。「みんな知ってる？ タカシ君っていつもロッカーに乗っては20回以上飛び降りあそびしていたでしょう。でも、今日は5回しかしなかったのよ。すごいでしょう？ みんなで拍手！」と。

E先生は、「触覚防衛反応」についても取り組みを始めました。タカシ君の場合は、知的な遅れがないと推測されたので、それに見合ったアプローチとして、手探りあそびを取り入れました。いろいろな素材、形の物を入れた袋の中から、特定の物を手探りで見つけるというものです。

ここでポイントとなるのが、触覚の識別系レベルを、今その子のもっている知的レベルに近づけるということ。タカシ君の知的レベル（推定6歳以上）に対応する触覚反応として、「ごくわずかな形、大きさ、素材の違いを感じ分ける」段階のプログラムを組んだのです。

　なお、同じ手探りあそびでもう少し知的レベルを上げるとしたら、より細かなフォルムの違いを識別するプログラムを考えます。例えば、同じ大きさのブロックで、6ドットと4ドットのものを探り分ける、といったものです。これもタカシ君は、夏休み前にはできるようになりました。

　こうしたあそびをしばらくの間続けていくうち、タカシ君は、散歩で友達と手をつないで歩くことができるようになり、近くに友達が近寄ってきても「攻撃」するようなこともなくなってきました。

　E先生は、ここでも仲間との共有を欠かしません。「今日の粘土あそびの時間、タカシ君はいつもだったら隣のマサオ君のことをたたいたり突き飛ばしたりしていたけど、今日は1回もやらなかったね、みんなで拍手！」と。

## 子どもへの関わり方の大原則

　ここまで、マキちゃんやタカシ君のケースを通して、保育者の関わり方の大切なポイントが見えてきました。それらを次ページに整理してみました。

　日頃保育者は、これらのアプローチを複合的に行いながら保育にあたっていると思いますが、特に発達の気になる子どもへの関わり方としては、大原則ともいえることです。

　そして、本書で紹介している「感覚統合アプローチ」は、あくまでもその中の一つであると考えてください。

# 4章 よき実践者となるために

## ■発達が気になる子どもへの関わり方大原則

以下は、マキちゃん（P.85～）とタカシ君（P.89～）の対応例と照合しながら確認すると、より理解が深まります。なお、いずれのアプローチも、その子どもの特性（発達のアンバランスさ、行動特性、性格・キャラクターなど）を理解したうえで行うことが大切です。

### 1. 寄り添いアプローチ

#### ①言葉にならない子どもの「声（心）」に耳を傾ける

例）P.85 主任B先生の読み取り

「視線」「表情」「しぐさ・動作・行動」「声」「姿勢」など、子どもの言葉以外の情報を読み取るよう努める。

#### ②言葉かけに配慮する

例）P.90 前担任の言葉かけからの読み取り

- **禁止語・否定語**（ダメでしょ、またそんなことして）を ➡ **誘いかけ語**（～してごらん）に
- **命令語・強制語**（～しなさい）を ➡ **期待値提示語**（～しようね）に
- **おどし語**（○○したら××だよ）を ➡ **願い共有語**（○○する前に△△しようか）に
- **感情語**（もう！ まったく～、何回言ったらわかるの！）を
  ➡ **Iメッセージ**（「わたし」を主語にして感情を伝える…「先生は困ってしまったよ」など）に

### 2. 先読み&先取りアプローチ

#### ①ついやってしまう行動の前に「意識化」させる

例）P.91 E先生のタカシ君への言葉かけ

#### ②場にそぐわない言動が出る前に「論理的な推論」を促す

例）周りの空気の読めない子どもに ➡ 「今は何をすればよいかわかるかな？」 など

#### ③苦手意識が生じる前に「気持ちのポジティブ化」を促す

例）お遊戯が苦手な子どもに ➡ 「一緒にやる？ 見ているだけにする？」 など

### 3. 仲間作りアプローチ

#### ①「プラス評価」される集団作り

例）P.91、92 E先生のクラスメイトへの言葉かけ

#### ②「役割行動」の獲得により、「仲間意識・所属意識」をはぐくむ

その子どもの活動によって周りの人がメリットを受けるようなことを役割行動とし、日々繰り返す中でプラス評価される。ただ、何に取り組むかは、本人の選択・決定を大切にする。
例）「いつも○○君がていねいにテーブルをふいてくれるから、気持ちよくご飯が食べられるね」 など

これらの取り組みにより、自分がその集団・グループの一員であるという自覚＝仲間意識・所属意識が育ち、仲間意識の中で、セルフコントロール力がはぐくまれていく。

### 4. 感覚統合アプローチ

### 実践前に自己評価を

次章からは、園でできる感覚統合アプローチの具体例を紹介していきます。そこで実践の前に、自分の理解と実践のレベルをチェックしてみてください。

**■専門職としての理解力＆実践レベル**

| 段階 | 基準 | 実践の姿 |
| --- | --- | --- |
| レベル0 | その用語や指導法について、**初めて聞いた**。 | 意図的な実践は始まらない。 |
| レベル1 | その用語や指導法について、**名称だけしか知らない**。 | |
| レベル2 | その用語や指導法について、**断片的にあいまいにしか知らない**。 | 意図して取り組むが、子どものストライクゾーンを外しても気づかないことがある。 |
| レベル3 | その用語や指導法について、**全体像がわかる**が、他者への解説は難しい。 | 子どものストライクゾーンを見極めて取り組むことができる。 |
| レベル4 | その用語や指導法について、**簡単になら他者に実演や解説ができる**だけの理解がある。 | 子どものストライクゾーンを見極めて取り組むことができ、加えて子どものストライクゾーンを人に伝えることができる。 |
| レベル5 | その用語や指導法について、**レポートや報告書を書いたり、後輩の育成を行ったりできる**。 | |
| レベル6 | その用語や指導法について、講義や実技講座の**講師ができる**。 | |

わたしはこの7段階のうち、実践で役立つためには、最低でも「その用語や指導法について簡単になら全体像がわかる」レベル3以上が必要だと考えていますが、みなさんはどうでしょう。そしてさらに「それを他者に伝えられる」というレベル4があると、なおいいですね。

そのためには、まずその分野で求められる発達や感覚統合など「理論」を駆使しながら、例えば5歳ならば5年間の「未学習」と「誤学習」を読み取ること。そのうえで、原因や要因、対応策、将来像の「仮説」を立てて実践していくこと。さらにそういった実践を「言語化」して、周囲に伝えるよう努めていくことが大切です。

## 5章 実践

### 保育の中で…
### 楽しくあそんでアプローチ

ここまで学んできた感覚統合の知識と、園の子どもたちの実態把握、
そして、その読み取りの視点を踏まえ、
保育の中で、あそびとして行うことのできる、
さまざまなアプローチを紹介します。

> 特定の感触が
> イヤ！
>
> 自分で触覚を
> 刺激する

# 触覚のつまずき
## へのアプローチ

触覚のつまずきとして代表的なのは、体に触れる物に対して拒否が強く出る、触覚防衛反応。対応の基本は、識別系の働きを活性化することです。原始系にスイッチが入りやすくなっている状態から、識別系を働かせることで原始系にブレーキがかかる状態へもっていくことが基本原則で、代表格はタッチングです。これは、「爪かみ」や「指しゃぶり」といった触覚の鈍麻に伴う自己刺激行動を改善していくアプローチとしても基本となります。

### キホン タッチング

①たわしやスポンジなど、触った感触がはっきりとわかりやすい物を用意。
②手や足など、子どもが注意や関心を向けてくれやすい体の部位から、①の素材を広い面積、均等な圧力で押し当てていく。1回3〜5分間を目安に行う。

**Point**
- 触られている所に「注意」が向いているか、子どものまなざしや表情、しぐさを確認しながら行う。
- 痛みは与えないこと。
- 同じ所ばかりやっていると「慣れ」が生じて「注意」が向きにくくなるため、少しずつ移動させながら行い、最終的には、首筋、わき腹、顔面など原始系が働きやすい所までたどり着けるようにする。

5章 保育の中で…楽しくあそんでアプローチ

触覚のつまずきへのアプローチ

## アレンジ 伝言ゲーム

### なんてかいた?
①一列に並び、リーダーの指定した文字や図形を背中に指でかき、送っていく。
②最後の子は、メガホンを逆にして持ち、保育者に答えを伝える。答えを絵(文字)カードにして、それを示すようにしても。
③慣れたらチーム対抗で行う(1チーム5人程度)。子どもに合わせて、2～3文字に増やして難易度を上げていく。

### どの指触った?
「なんてかいた?」と同じやり方で、どの指を触ったかを伝言していく。

**Point**
- 触られるのが苦手な子は先頭にして、友達の体にかくことから始める。
- メガホンを使うことで、「小さい声で」ということがわかる。声の大きさの調整がしにくい子によい。
- 難易度を上げたい場合は、文字を増やす、1チームの人数を増やす、クラス全員で丸くなって行うなど、様子を見ながら工夫する。

### 何回握った?
みんなで丸くなって手をつなぎ、目を閉じて何回握ったかを伝達していく。
トイレの待ち時間などちょっとしたすき間やつなぎの時間にやるとよい。
慣れてきたら、後ろ向きで。この場合目は閉じなくてOK。

**Point**
- 手をつなぐのを嫌がる場合は、保育者の隣に入り、順番が来るまで手を離しておいても。また輪にならずに一列に並んで行うのもよい。
- 大人が指を1本出し、それを握るなど「自分から握る」ことから始めても(自分の意思ですると大丈夫なことがあるため)。

97

## 触覚のつまずき へのアプローチ

### アレンジ ふれあいあそび

#### 目玉焼き（ひざ刺激）

ひざをフライパンに見立て、目玉焼き作りのまねっこあそび。唱え歌のように楽しむ。

**Point**
- まず、子どもが大人にやってあげることから始める。相手を喜ばせた経験が、やってもらうことにつながるので、大人のリアクション（うれしそう、気持ち良さそう）が大事。
- 大人とのやり取りになじんできたら子ども同士で。相手の反応を見ながら楽しめる（注意が向きやすい）刺激の加減がわかってくる。
- 子どもが触られた所を見るか、また触る前に1拍置き「やるぞ〜」と期待して待つ（＝識別系が活性化されている）姿が見られるかを確認する。

♪フライパンに油を敷きます

ひざの表をてのひらでくるくる。

♪卵を割って、じゅわー

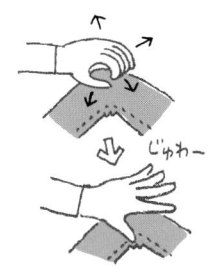

ひざの中央から広がるように刺激。

♪コンロの火が……ぷちぷちぷち

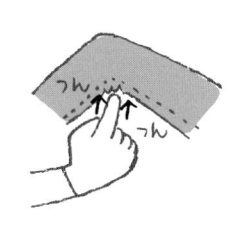

ひざ裏を指で刺激。

### ぞうきんがけ

寝転がった子どもに、いろいろな刺激を入れていく。

♪ぞうきんぬって　ちくちく

一本指でちくちくとおなかをつつく（点刺激）。

♪ぞうきんしぼって　ぎゅ〜

片足を上げてひねる（ストレッチ）。

♪ぞうきんがけー　ごしごしごし

全身をさする（面刺激）。

5章 保育の中で…楽しくあそんでアプローチ

触覚のつまずきへのアプローチ

### おなじみのわらべうたで

♪いっぽんばしこちょこちょ～

♪おせんべやけたかな～
♪ずいずいずっころばし～

指先や手の甲など比較的注意や関心が向きやすい部位から始める。

いつ、どこを触られるかがわかり、識別系が活性化されることで心の準備ができるので、不安が少ない。

### マッサージごっこ

覚醒レベルの下がりがちな子どもに。「マッサージしますよ～」と言って、体を押したり、さすったり、あちこちに刺激を入れていく。

**Point**
- 覚醒レベルは、「脳」の活動性を表す言葉で、本人が自覚できる眠さなどとは、必ずしも一致するわけではない。

## 触覚のつまずき へのアプローチ

### アレンジ 生活習慣も楽しく

#### 歯磨き屋さんごっこ

歯ブラシの感触が苦手で歯磨きを嫌がる子どもには、保育者が磨いてもらうことから。「もっと上」「横お願いします」と注文しながら、ごっこあそびのように楽しむ。

ほかの人の歯で、実際に歯ブラシをどこに当てるかを確認しながら磨くことでイメージがつかめると、徐々に自分の口にも歯ブラシを入れられるようになる。仕上げ磨きをする際には、「仕上げしてもいいですか？」などと声をかけてから行う。

**Point**
- 子どもの歯を磨くときに、本人に歯ブラシを持たせ、保育者が子どもの手を介して磨くと、どこをどう磨くのかに「注意」が向きやすくなるので、抵抗が少なくなる。
- 家庭での取り組みとしては、歯磨き剤を何種類か用意し、「今日はどれにしますか？」などお店屋さんごっこのようにすると楽しいと提案しても。

下の歯お願いしまーす

#### 美容院ごっこ

ままごとコーナーに、鏡やブラシなどを置いて美容院ごっこ。髪の毛をとかしたり、髪や頭、顔に触ることをあそびとして行っていくことで慣れていく。

5章 | 保育の中で…楽しくあそんでアプローチ

触覚のつまずきへのアプローチ

## アレンジ　いろいろな感触を体験

### 色つきのりで塗り絵（フィンガーペインティング）

<準備>
・でんぷんのりを水で溶いて、絵の具を混ぜる（黄、赤、紫の3色分作る）。
・各テーブルにぬれおしぼりを用意する（いつでもふけるという安心感のため）。
・画用紙に、バナナ、リンゴ、ブドウの輪郭をかいておく。

<あそび方>
指に色つきのりを付け、3つの絵それぞれに塗る。
輪郭からはみ出さないように意識することを伝える。

バナナ＝線を伸ばす

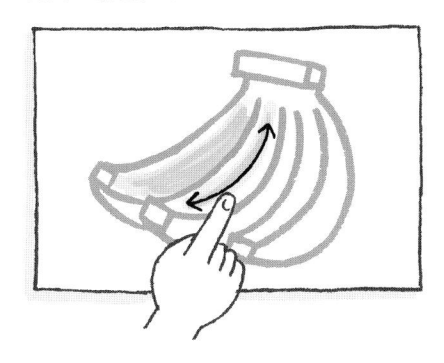

ブドウ＝小さい面を細かく塗る

リンゴ＝広い面をぐるぐる、大きな円を描く

**Point**
● 作品として残り、うまい・下手がないので取り組みやすい。
● 色がついているため、どこに塗ったのか、またどの指を使ったかがわかる。ふだんの製作の中でも、のりの使い始めには色をつけ、塗った所がわかるような工夫をするとよい。

## 触覚のつまずき へのアプローチ

### 指でお絵かき

砂にかいたり、テーブルやビニールシートの上にフィンガーペインティングをしたりして楽しむ。

**Point**
- 自分の意思で触るため不安が少なく、すぐに消せるという安心感があるので、描画に苦手意識がある子も取り組みやすい。

### 紙粘土製作

紙粘土に色をつけてクッキーやアクセサリーを作り、お店屋さんごっこ。

**Point**
- 商品になる物を作るということで目的が明確で、達成感がある。もっと作りたいという意欲につながる。
- 型抜きなど道具を使うことで、うまい・下手が目立たなくなるので、苦手意識のある子にもよい。

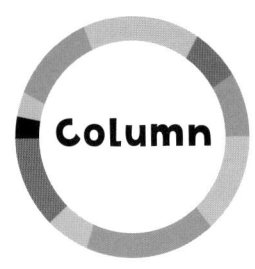

## Column　触覚防衛反応と併発しやすい　音の過敏さへのアプローチ

何気ない音に対する激しい拒否やおびえが出る「聴覚防衛反応」。慣れさせる、我慢させるといった対応は逆効果で、まずは避ける方法を考えますが、「その音」に注意を向ける機能を活性化することで防衛反応のスイッチを入りにくくするという方法もあります。

### 1 避ける工夫

個々の「イヤな音」を把握し、できるだけ避けられるよう工夫する。

- ヨーイドンの合図（ピストル音、笛、太鼓など）を、掛け声や旗を振って知らせる。
- どうしても避けられない場面では耳栓を使用する。など

### 2 心の準備（知的な予測力）ができる工夫

事前に知らせて予測できるようにしたり、安心できるようにしたりする。

- いつ音がするかがわかるよう1、2、3と指で合図する。
- 予測できないと怖いので、「ヨーイ」と「ドン」の間をあけすぎない。
- 「これから○○に行くけど、先生が手をつないでいるから大丈夫」と伝える。　など

### 3 「意識して」聴く工夫

意識して聴くことで防衛反応を軽減していく。

- 苦手な曲の入ったCDを入れ小さな音量にしておき、自分の意思でプレーヤーのスイッチを入れる。
- 苦手な音を録音し、自分でスイッチを入れて聴く。その際、小さな音から徐々にボリュームを上げていくようにする。
- 伝言ゲームなど、小声で伝える練習をし、聴くことを意識する（P.97参照）。　など

※その音を「聴き入る」ことで「大丈夫だった」という経験が大切。

### Point

- 聴覚防衛反応は、多くの場合「触覚防衛反応」を併発しており、「触覚防衛反応」にアプローチしていくだけで、「聴覚防衛反応」も一緒に改善されやすい。

## 平衡感覚のつまずき
へのアプローチ

- 眼球運動の困難
- 姿勢の崩れ
- 揺れや不安定な状態が怖い

平衡感覚のつまずきとは、まず平衡感覚系の低反応やそれに伴う自己刺激行動、そして平衡感覚の防衛反応として、重力不安、姿勢不安、といったことがあります。具体的には眼球運動や姿勢調整に関わるつまずきとの関連が深いところです。

### キホン　速度（上下、前後、回転）をつけて

**回転椅子で（回転の刺激）**

①子どもは回転椅子に深く腰かけ、大人が「回すよ」と声をかけ、椅子を回す。30回転を目安に一方向に回し続ける（子どもの「目が回った」というサインが現れるまで）。

②椅子を止めて、眼振（黒目の揺れ）が出ているかを確かめる。

**Point**

- 保育者として、子どもの「目が回った」というサインが読み取れること、その子に適切な回転数、スピードを把握できることが大切。

5章 保育の中で…楽しくあそんでアプローチ

平衡感覚のつまずきへのアプローチ

### トランポリンで（上下の刺激）

子どもがトランポリンに乗り、大人と向かい合って両手をつないで立つ。手をつないだまま、ジャンプを繰り返す。100回以上を目標に、なるべく高く跳ぶようにする。

**Point**
- 介助するときは、バランスが崩れないように調整したり、より高く跳べるように持ち上げたりする。
- ジャンプを続けるうちに、姿勢がしゃきっとしてくる。その変化を見逃さないように。

### スクーターボードで（前後の刺激）

スクーターボードの上にうつ伏せになって乗り、保育者が引っ張って行ったり来たりを繰り返す。

**Point**
- 体軸方向の平衡感覚刺激を受けるとともに、背筋を伸ばすという姿勢反応が促進されることで、自律神経系の反応（姿勢不安など）が抑制される。
- 保育者は、子ども自身が落ちないように姿勢を整えることができているかを見ていこう。

## 平衡感覚のつまずき へのアプローチ

### アレンジ 揺れる&進むあそび

**ゆらゆらハンモック**

バスタオルやタオルケットなど大判の布の上に子どもを寝かせ、両側を大人が持って揺らす。揺れのリズムに合わせてわらべうたなどを歌うと楽しい。

**Point**
- 体がこわばったり、表情が緊張したりしていないか、子どもの様子を見ながら、恐怖感を与えないように注意する。

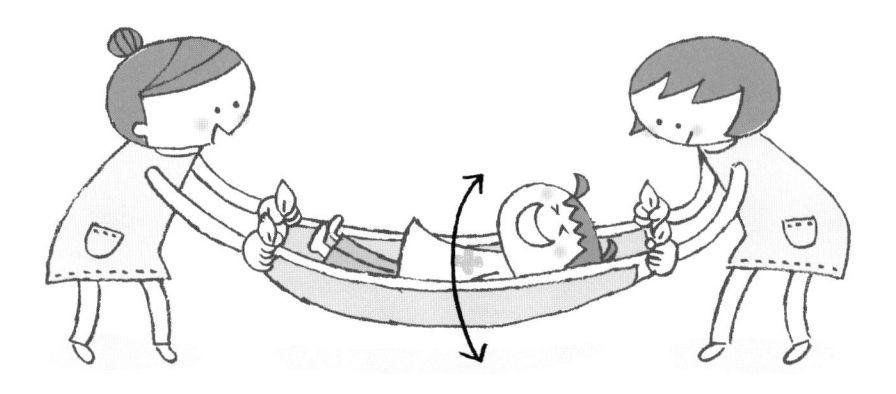

**魔法のじゅうたん**

バスタオルを床に敷き、その上に腹ばいで乗って大人が引っ張る。2人で乗ったり、電車ごっこにしたり、いろいろなバリエーションで楽しめる。

**Point**
- 大人は、子どもの様子を見ながら静かに引っ張り、乗っている子どもには、落ちないように姿勢を調整することを伝える。

5章　保育の中で…楽しくあそんでアプローチ

平衡感覚のつまずきへのアプローチ

### ドライブごっこ

自転車や車に乗る感覚で、大人のひざの上に乗り、ドライブごっこ。大人は「右に曲がります」「左でーす」などと言いながら、体を左右に揺らす。途中、次のような動きを入れていく。

**Point**
- あそびながら、体の傾きを感じ、それを立て直す力もついていく。

「急ブレーキ、キキキキー」で前に傾き、「がったーん」で後ろに傾く。

「でこぼこ道で〜す」と言って、ひざを上下に揺らす。

### コイの滝のぼり

大人（保護者）が2人組で手をつないで並ぶ。その上に子どもがうつ伏せで乗って、大人が手を前に振って前に送っていく。

**Point**
- 運動会や保育参観など親子参加の行事の際にやると盛り上がる。
- 子どもが怖がる場合は、大人がしゃがんだり中腰になったりして、高さを変えていくとよい。

107

## 平衡感覚のつまずき へのアプローチ

### アレンジ 回るあそび

#### 回って、スタート！

<準備>
壁に手作りの果物の木（面ファスナーで、果実を取り外しできるような物）をはっておき、少し離れた所にスタートラインを設定。
※目標物は、箱に入れたボールや旗などでもよい。

<あそび方>
子どもはスタートラインに立ち、その場で3回回ってから、壁の所まで進み、果実をもいで戻ってくる。

#### こまこま回れ

片足を基点にして、その場でくるくる回る。
倒れる寸前まで回って、どでーんと倒れる。

くるくる くる・・・

どでーん！

#### Point
- 基点になっている足が動いていないか、姿勢の崩れが激しくないかが、確認ポイント。
- 倒れる際にけがをしないよう、環境を整える。

5章 保育の中で…楽しくあそんでアプローチ

平衡感覚のつまずきへのアプローチ

### おいもごろごろ
マットの上でごろごろ転がる。慣れてきたらスピードアップ。

**Point**
- 足を交差するようにして体をひねり、足の親指をあおるようにけりながら回ることを伝えよう。こうすると、おへそが基点になるのでまっすぐ回れる。

### ぐるりんぱ！
大人と両手をつなぎ、大人のおなかを足でつたって、「ぐるりんぱ！」と逆上がりのような動作。
「飛行機（あお向けに寝た大人の足の上におなかを乗せる）→ぐるりんぱ！（前転）」も楽しい。

**Point**
- しがみつき姿勢がとれない子に行うとよい。足でつっぱって上がっていく、体を丸める、といった身のこなしを覚える。
- 「飛行機→ぐるりんぱ！」は、転んだときに手が出る動作につながる。マットを敷くなど安全面に配慮して行う。

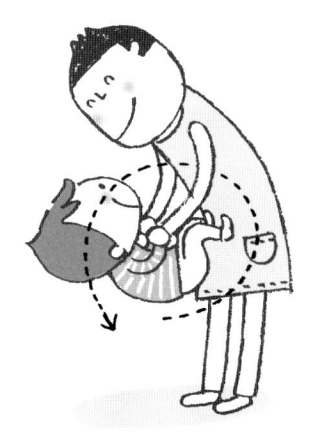

109

## 平衡感覚のつまずき へのアプローチ

### アレンジ　見るあそび

**しっぽ取り**

おに（初めは保育者が行う）がひもやテープなどの「しっぽ」を腰につけて逃げる。子どもたちは追いかけてしっぽを取る。

**Point**
- 眼球運動につまずきのある場合、しっぽを目で追うのが難しくなるので、保育者がたくさんのしっぽをつけたり、その子の前でゆっくり走ったりして取りやすくする。

**ボールであそぼ！**

追視や注視が必要なボールあそびいろいろ。
子どもの状態に合わせてアレンジして。

**ゴールめざして**
ボールをけったり、投げたりしてゴールに入れる。

**バケツでキャッチ**
投げたボールをバケツで取る。

**ボウリング**
バケツを重ねたものをピンに見立てても。

**的当て**
的それぞれに点を設定して。合計得点で競う。

## 5章 保育の中で…楽しくあそんでアプローチ

平衡感覚のつまずきへのアプローチ

### これなあに？（5歳児以上向き）

**＜準備＞**
3×3＝9つのマス目それぞれに違う絵をかいた紙を人数分用意し、正面にも同じ物を拡大コピーしてはっておく。

**＜あそび方＞**
保育者が、「上から○番目、左から○番目はなあに？」と質問をし、子どもたちは手元の紙を見て答える。
答えたらそのマスを塗りつぶすようにしてもよい。

### Point
- 指さしをしながらでもOK。目で追ってマス目を数えるので、追視が必要になる。
- 慣れてきたら個々の手元の紙はなくし、前にはった紙を見て答える。この場合、指さしができないので、追視の力がより必要になる。

> 不器用
> ぎこちない動き
> 運動が苦手

# ボディ・イメージの未発達＆固有覚のつまずきへのアプローチ

ボディ・イメージは、いろいろな感覚が複合的に関係しているため、未発達なことで現れる状態像は多岐にわたります。また、固有覚は個別で語ることは難しく、ボディ・イメージとの関連も深いため、ここでは、固有覚のつまずきも含めたボディ・イメージの未発達へのアプローチを紹介します。

## キホン 感覚系プログラム

**タッチング・ストレッチ・揺れる・回る・すべる**

いずれも触覚や平衡感覚のところで紹介したものと基本的には同じ。ただ、ボディ・イメージの発達を促すために行う場合、1つの感覚に焦点を当てる場合とはねらいが異なるので、刺激の入れ方（強さや回数など）も変わってくる。

**Point**
- 平衡感覚系の低反応の場合に行う回転刺激と違い、体の軸の傾き具合を感じることを主なねらいとしているため、刺激の入れ方は、必ずしも強くする必要はない。

**Point**
- ボディ・イメージの発達をねらう場合は、タッチングもストレッチも、全身に刺激を入れることが大切。体の隅々に注意、関心が向くように、使う素材や触るときの圧力、面積、動かし方を工夫する。
- 本人の「感じた!」という表情を見逃さないように。

# 5章 保育の中で…楽しくあそんでアプローチ

ボディ・イメージの未発達&固有覚のつまずきへのアプローチ

## キホン　運動系プログラム

### またぐ、くぐる、よじ登る

巧技台や園庭の固定遊具、公園のアスレチックなどを使って、またいだり、くぐったり、よじ登ったりする。

**Point**
- 動きがパターン化すると、感覚が刺激されず、効果はなくなる。ジャングルジムの上り下りができたら、次は横に移動、くぐり抜けができたら後ろ向きで、というように動きに変化をもたせる。

### 重力に逆らった姿勢

重力に逆らって手足・体を屈曲させることで、ボディ・イメージの発達を促す。大人の体にしがみつくことから始めるとよい。まずは座った姿勢から、次は大人が立った状態でしがみつき、抱っこの姿勢を保つ。

**Point**
- 重力に逆らって体を持ち上げていること（抗重力姿勢）、その際に手足、体を曲げている（屈曲姿勢）という2つの条件を満たすことがポイント。そのため、体の軸を後方に傾け、しがみつく動きが大切。

### ふだん使わない姿勢や動き

逆立ち、あおむけ四つんばいなど、ふだん使い慣れていない「肢位」「姿勢」を作ることで、感覚を働かせる。

## ボディ・イメージの未発達&固有覚のつまずき へのアプローチ

### アレンジ 固定遊具でいろいろな動き

#### 鉄棒

ポールを中心にS字にくねくねくぐっていく（線を引いておくとよい）。
鉄棒がだんだん低くなるなど高さに変化があると、動きのパターン化がしづらく、より効果的な運動になる。

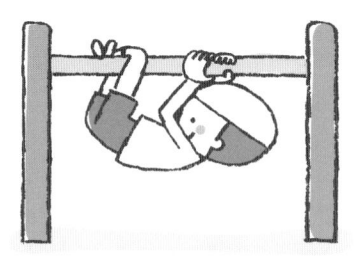

ブタの丸焼（両足を巻き付けてしがみつく）。

#### すべり台

ロープをくくりつけて、自分の腕と足の力で登っていく。慣れないうちは、少し大人が引っ張っても。

#### ジャングルジム

くぐる、またぐ、上り下り、逆向きで移動、横に移動など。

#### タイヤや柵

地面に埋め込んだタイヤや低い柵をまたぐ。

### Point

- 個々の動きを十分体験して、慣れてきたら、園庭の固定遊具をいろいろ組み合わせたコースを設定し、サーキットのようにすると楽しい。

5章　保育の中で…楽しくあそんでアプローチ

ボディ・イメージの未発達＆固有覚のつまずきへのアプローチ

## アレンジ　トンネルくぐり

<準備>
大きなポリ袋の底を切って筒状にし、フープ3つくらいを並べた所にかぶせて、簡易トンネルを作る。

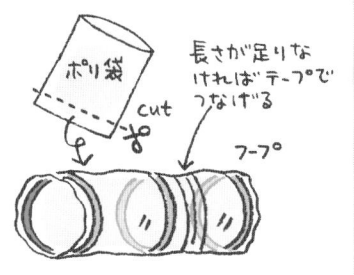

ポリ袋
cut
長さが足りなければテープでつなげる
フープ

<あそび方>
保育者はトンネルを支え、出口の方から子どもを呼ぶ。子どもは体をかがめて中を通り抜ける。

**Point**
- 市販のトンネルは、間口が狭くて長い物が多いため、くぐるのが苦手な子には難しい。その点、手作りのトンネルは、間口を広げたり、距離を短くしたり調整できるのでよい。
- 体をかがめるのが苦手、不安が強い子どもには、視覚的にも見通しがもちやすいようにトンネルの長さを短くして、すぐに出られるようにする。

はーいこっちだよー!

## アレンジ　ボール送り

行きは頭上を、帰りは股の間でボールを送る。その際、転がさずに高ばい姿勢で受け渡すルールに。

**Point**
- 転がすとあっという間にできてしまうが、受け渡しの場合は、かがんだ姿勢でしっかりボールを見て渡す、取る、という動作が必要になり、より高度な運動になる。

直接渡す

## ボディ・イメージの未発達&固有覚のつまずき へのアプローチ

### アレンジ　動物まねっこ

動物の動きをまねて、体のいろいろな部位を動かす。保育者が見本として動いてみせても。

**カエル**
両手を床についてジャンプ。

**ウサギ**
両手を頭の上に伸ばしてジャンプ。

**アヒル**
しゃがんだまま歩く。

**クマ**
のっしのっし
高ばいでゆっくり歩く。

**ペンギン**
つま先を上げ、かかとで歩く。

**イヌ**
ひざをついた四つんばい。

### Point
●動作イメージ（運動企画）がつかめないと、動きのまねっこは難しい。動きの正確さにはこだわらず、まずは自由に動いて楽しむことから始めよう。

5章 保育の中で…楽しくあそんでアプローチ

ボディ・イメージの未発達＆固有覚のつまずきへのアプローチ

### 動物リレー

行きはウサギ、帰りはイヌというように、往復で動きを変えたり、カエル→ウサギ→アヒル……というように、バトンタッチするごとにまねする動物を変えたり、いろいろなアレンジで楽しめる。

## アレンジ 寝転がってストレッチ

全員があお向けに寝転がり、保育者のかけ声に合わせて体を動かす。保育園なら午睡前に布団の上で行うとよい。

<かけ声の例>
「右手を上げて→元に戻して→左手を上げて→元に戻して→右足上げて→ばってん（左足の上に載せる）→元に戻して→左足上げて→ばってん（右足の上に載せる）→元に戻って→最後は自転車さようなら（空中で足こぎの動作）」

### Point
- あお向け姿勢だと、全身が床に接しているので、自分の手足の動きがわかりやすい。
- 保育者は全員の動きを見て、それぞれの動き方や左右がわかっているかどうかを確認する。

117

## ボディ・イメージの未発達＆固有覚のつまずき へのアプローチ

### アレンジ　お部屋で全身運動（0〜2歳児向け）

#### 山道を作って

巧技台やマットで斜面や山など起伏のあるコースを作り、はいはいやよじ登りなど全身を使った運動を促す。

**Point**
- 今どきの子どもは、狭い住宅環境や早く歩いてほしいという親心などから、はいはいの経験が減っている。0〜1歳児クラスの保育室は、はいはいを十分に楽しめる広いスペースをとっておくことも大事。

#### ロールマットで

ロールマットの上に腹ばいになり、大人がマットを動かす。子どもは落ちないようにバランスを取りながらしがみつく。

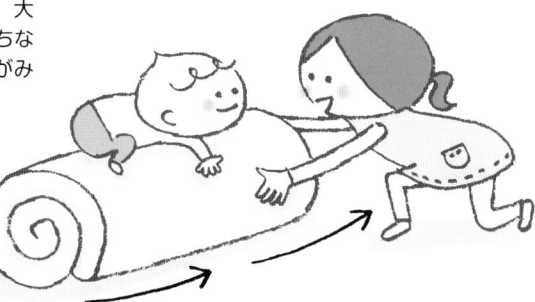

#### バランスボールで

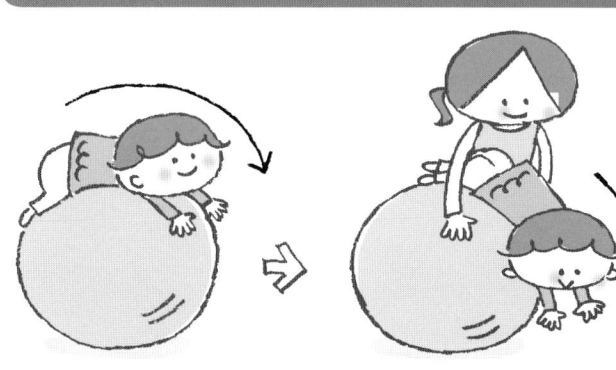

バランスボールの上に乗せて揺らす。年齢が上の子どもには、そのまま前に押し、自分で床に手を付くところまで行う。転んだときにぱっと手が出る動きにつながる。

5章　保育の中で…楽しくあそんでアプローチ

ボディ・イメージの未発達＆固有覚のつまずきへのアプローチ

### アレンジ　写し絵・なぞり絵

子どもの好きな絵柄をコピーしておく。上からなぞったり、うすい紙を当てて写し取ったりする。紙を手で押さえるのが難しい場合は、テープで固定する。

**Point**
- 窓ガラスだとよく写るが、机に置いてかくのと違い、腕を固定できずに不安定な状態でかくことになるので、角度調節が必要になる（平衡感覚－固有覚系の統合）。これは、学校に入ると多くなる黒板に文字を書くことにもつながる。

絵を窓ガラスにはって、写し取っても。

### アレンジ　○○はどこ？（図と地の弁別）

絵本やポスターなど1枚の絵の中から、ある物を見つける。それ用にかかれたものでなくても、細部までかき込まれた絵ならOK。例えば、自然の風景（地：バックグラウンド）から「○○の虫（図：フィギュア）を探して」とか、街並みの絵から「赤い屋根の○○屋さん」など、探すものを指定する。

**Point**
- 虫や生き物の絵本は、ストーリーに関係なく、いろいろな生物や背景がリアルに描かれているものが多いので、図と地の弁別の学習には使い勝手がよい。

黄色いチョウチョはどこかな？

## ボディ・イメージの未発達＆固有覚のつまずき へのアプローチ

### アレンジ　手先を使ったあそび

#### ひも通し
ビーズやリングなどをひもに通す。首飾りやブレスレットなどアクセサリーにしても。

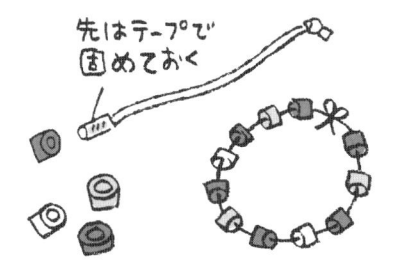

**Point**
- 子どもの状態や発達過程に合わせて、ビーズの大きさやひもの太さなどを調節する。
- とじひもまたは、ひもの先をセロハンテープで固めるとやりやすい。

#### ままごとで
ままごとあそびの中で、手先をいろいろ動かして。フェルトなど布で作った「食べ物」を指でつまんだり、トングで挟んだり。

#### 積み木
並べる、高く積み上げる（力加減が必要）、何かの形に作るなど、いろいろな段階での楽しみ方がある。

**Point**
- うまくできない場合は、手と目が合っているかを見て、「目と手の協応」が未発達なのか「視覚の問題」なのか、「注意散漫」だからなのか、「手の動かし方が不器用」だからなのかなど、つまずきの具体的な要因を確認する。

5章　保育の中で…楽しくあそんでアプローチ

ボディ・イメージの未発達＆固有覚のつまずきへのアプローチ

## アレンジ　生活習慣・お手伝いの中で

ふだんの生活の中には、ボディ・イメージの発達を促す動きがたくさんある。毎日繰り返される動きについて、どの部位をどのように動かしているのか、意識しながら行うことが大切。

**Point**
- 当番やお手伝いでは、周りの人から「ありがとう」と感謝されることでやる気が増す。身体的な効果だけでなく、自己有能感（肯定感）や意欲など心理的な影響もとても重要なこと。

### ぞうきんがけ

両腕・両足で体を支えるはいはいの姿勢が必要になる。上腕を大きく使う窓ガラスふきや、手首をひねるといった筋肉の使い方を覚えるぞうきんしぼりも経験しよう。
あそびとして取り入れる場合、テーブルの下をくぐるなどのコースを設定し、リレーにすると楽しい。

### 水まき、水やり

ジョウロに水をくんで持ち運び、水をまく。

**Point**
- 水がこぼれないよう、容器を水平に保って持ち、水をまく際も、腕の角度や力の入れ具合でジョウロの傾きを調節して行う（固有覚系の統合）。

## ボディ・イメージの未発達＆固有覚のつまずき へのアプローチ

### 洗濯物たたみ

左右の手がこうなって、ここから首が出て……といった各部位の位置や、体の中心がここで、これが半分……など、たたみながら体のしくみを目で見て確認する。

**Point**
- 手元を見ながら端と端を合わせる動作は、手先の感覚を養うとともに「目と手の協応」を育てる。

おてて
こんにちは

はんぶんこ！

### 着替えの手伝い

午睡前後などに、4～5歳児が1～2歳児クラスに行って、着替えのお手伝いをする。

**Point**
- 自分でやるときは見えない部分が多くイメージをつかみづらいが、他人の場合は、全身が見えるので比較的うまくいく。

おてて 出たねー

## 5章 保育の中で…楽しくあそんでアプローチ

ボディ・イメージの未発達&固有覚のつまずきへのアプローチ

### 食事の配ぜん

やかんからお茶をつぐ。

汁物をおたまですくって注ぐ。

トングで挟んで取り分ける。

お盆に食器を載せて運ぶ。

**Point**
- お茶をつぐ際、持ち手付きの小ぶりな容器では片手の動作になるが、あえて大きなやかんに入れて、両手の動作にする。適量を注ぐために片手で持ち手、もう片方の手でやかんの底を支える場合、左右の手を調整しながら行う必要がある（体の左右の協応）。
- それぞれの動作において、腕をどの位置で固定し、どれくらい力を入れたらいいかを意識する練習になる（固有覚系の統合）。

### 椅子やテーブルを運ぶ

椅子を1人で持つ、2人で机を運ぶ。どのくらいまで腕に力を入れてひじを曲げて、という加減を意識できるように。

### 食後のごみ拾い

床に落ちたごみを指でつまんで取り、トイレットペーパーなどに包んで捨てる。

## おわりに

　「当たり前」という言葉があります。もう一つ、「子育て」という言葉があります。言うまでもなく、ヒトは人類の歴史が始まって以来、「当たり前に」「子育て」をこなしてきました。

　しかし、高度な文明を発展させてきたはずの21世紀に至って、「当たり前」にできていたはずの「子育て」が困難になってきている現状があります。「当たり前」に育っていたはずの子どもたちが育ちにくくなってきているのです。その背景には複数の原因や要因が絡み合っていることは確かですが、その一つひとつをひも解いていく作業は、この本のテーマではないので省きます。ただ、大きく分けて「2つの文化」が失われつつあることだけは知っておいていただきたいのです。

　一つは、人と人とが織り成す「社会のしくみ」が崩れてきたことです。「当たり前」に受け継がれてきたはずの「子育て文化」が引き継がれない世の中になってしまったという事実です。

　赤ちゃんを育てている若い親御さんが真剣なまなざしで保健師さんに尋ねた質問が、「うちの子のおしっこ、色が黄色いのですが大丈夫ですか？」。――テレビで見る紙オムツのコマーシャルではブルーの水が使われています。よもや、自分の子どもが水色のおしっこをすると本気で信じているわけではないでしょうが、そんなことすら質問しないと心配になってしまうくらいに、「当たり前」の「子育て文化」が伝承されない社会になってしまっているのが現状です。

　二つ目は、「あそびという文化」が引き継がれない世の中になってしまったという事実です。その昔、あそびの定番は「外あそび」で、下は4〜5歳から上は小学校5〜6年生までの「異年齢集団」でした。小さい子は年上の子がしている「木登り」を見よう見まねでチャレンジすることで、器用さを身につけてきたのでしょう。物かげに隠れ、ひ

たすら動かないでいる「かくれんぼ」は、ボディ・イメージを育て、衝動性を抑える練習にもなったことでしょう。オニのしぐさやまなざし、ちょっとした動きを先読みすることでうまく逃げかわす工夫を学べた「オニごっこ」は、空気を読む練習にもなったことでしょう。

　今の時代は、大人は大人で「子育て文化」を、子どもは子どもで「あそび文化」を継承できにくくなってきたことを心に留めつつ、本書では、保育園や幼稚園で何ができるかを模索してみたのです。

　その際に、保育の現場で見られる子どもたちのさまざまな不具合については、従来の「保育学や心理学といった視点≒心のあり方」からというよりも、「感覚統合」という切り口から光を当てたとき、何が見えてくるのかを問うてみました。さらには、日常保育の中に、「感覚統合」というエッセンスを交えながら、ひと味違う「当たり前」の保育のアイディアも提供しました。この点については、感覚統合をよく勉強されている保育士・小黒先生の実践例を、5章で紹介させていただきました。内容をパッと見る限りでは、どこの園でも「当たり前」に取り組んでいる活動ばかりでしょう。でも、じっくりご覧になればきっと、見落としていた「当たり前」を発見できることと思います。

　本書を手にしてくださっている先生方にとって、中身の濃い「当たり前」の保育を展開していくときの参考書として、多くのヒントが提供できることを願ってやみません。

　最後に、本書を作るにあたって足かけ4年にわたり、根気強く支援して下さった編集長の長谷川晋氏とライターの小林留美氏、そのほか編さんに関わっていただいた多くの方々にお礼申し上げます。

2014年7月

作業療法士　木村 順

## 参考文献

坂本龍生・花熊暁 編著『入門　新・感覚統合法の理論と実践』学習研究社 (1997)

佐藤剛・土田玲子・小野昭男 編著『みんなの感覚統合―その理論と実践』
パシフィックサプライ (1996)

佐藤剛 監修、永井洋一・浜田昌義 編集『感覚統合Q&A』(第1版) 協同医書 (1998)

正木健雄 著『データが語る子どものからだと心の危機』芽ばえ社 (2002)

Carol Stock Kranowitz 著、土田玲子 監修『でこぼこした発達の子どもたち』
すばる舎 (2011)

木村順 著『育てにくい子にはわけがある～感覚統合が教えてくれたもの～』
大月書店 (2006)

田中康雄・木村順 監修『これでわかる　自閉症とアスペルガー症候群』
成美堂出版 (2008)

木村順 監修『これでわかる「気になる子」の育て方』成美堂出版 (2010)

木村順 監修『発達障害の子の感覚遊び・運動遊び』講談社 (2010)

木村順 監修『発達障害の子の指遊び・手遊び・腕遊び』講談社 (2013)

木村順 監修『発達障害の子を理解して上手に育てる本～幼児期編』小学館 (2012)

木村順・川上康則・加来慎也・植竹安彦　編著、発達臨床研究会 著
『発達支援　実践塾』学苑社 (2014)